بسم الله الرحمن الرحيم

SİYER
YAYINLARI

Siyar Verlag: **9**

Publikationsreihe: 5

Titel

Unseren Propheten (sas), so wie die Gefährten zu lieben

Autor

Muhammed Emin YILDIRIM

m.emin@siyerarastirmalari.org

Übersetzung

Murat Gül

Alper Soytürk

Buchdeckel

Yalçın Yoncalık

Layout

M. Ali Alioğlu

Druck und Buchbinderei

GÜL MAT. MATBAACILIK YAYINCILIK SAN.TİC.LTD.ŞTİ

Maltepe Mah. Fazıl Paşa Cad. No:8/4

Topkapı-Zeytinburnu/İSTANBUL • Tel: 0212 577 79 77

1. Auflage: März 2013

2. Auflage: Mai 2019

ISBN: *978-605-4620-16-6*

SİYER YAYINLARI

Nişanca Mah. Zekai Dede Sk. No: 22 Eyüp/İstanbul

Tel & Fax: (0212) 544 76 96 – (0212) 544 58 46 **Gsm:** (0554) 930 07 04

www.siyeryayinlari.com

Unseren Propheten(sas)
So wie die Gefährten zu lieben

Muhammed Emin Yıldırım

Übersetzung
Murat Gül
Alper Soytürk

SİYER
YAYINLARI

MUHAMMED EMİN YILDIRIM

Kam im Jahre 1973 in Erzurum-Horasan auf die Welt. Nachdem er seine Grundschule beendet hatte, fing er an während der Oberschul- und Abiturzeit nebenbei in der Madrasa Unterrichte in Arabisch und in den Grundbereichen der Islamischen Theologie zu erhalten. Danach kam er im Jahre 1989 nach Istanbul und führte seine Bildung in der islamischen Theologie fort. In den Jahren von 1999-2004 bildete er sich in Arabisch und der islamischen Theologie weiter.

Ab 1995 begann er regelmäßig wöchentliche Unterrichte zu erteilen, welche später in der Hikmet Stiftung stattfanden und in der Hikmet Zeitschrift veröffentlicht wurden. Er erteilt weiterhin in der Hikmet Stiftung Unterrichte für Schüler, als auch für das allgemeine Volk.

Im Oktober 2010 beteiligte sich Muhammed Emin Yıldırım maßgeblich an der Errichtung des Sīra Forschungszentrums (Siyer Araştırmaları Merkezi), welches in der historischen Zekai-Konak-Residenz im Istanbuler Stadtteil Eyüp seine Aktivitäten aufnahm. Unter dem Titel „Die Sīra und die Gefährten" finden jede Woche samstags Unterrichte statt, die offen für das Volk zugänglich sind. Jeder dieser Unterrichte wird auf der Webseite www.siyertv.com ausgestrahlt. Muhammed Emin Yıldırım, der im Bereich der Sīra seine Forschungs- und Bildungsarbeiten fortsetzt, ist verheiratet und Vater von drei Kindern.

SEINE VERÖFFENTLICHTEN WERKE

- İbadetin Beyni Dua (2002)
- İnsanî İlişkilerde İlahî Ölçü (2004)
- Vahyi Hayata Taşımak (2005)
- Alemlere Rahmet Hz. Muhammed (sas) (2006)
- Sahâbeyi Nasıl Anlamalıyız? (2007)
- Dâru'l-Erkam, Vahyin Nuzûl Sürecinde Şahsiyet Eğitimi (2008)
- Hz. Peygamber'in (sas) Albümü (2010)
- Siyer Atlası (Tahkik ve Notlandırma) (2010)
- Efendimiz'i (sas) Sahâbe Gibi Sevmek (2011)
- Risalet Davası'nın Annesi Hz. Hatice (2011)
- Efendimiz'in (sas)Havarisi ve İhlas Abidesi Zübeyr b. Avvam (2011)
- Yaşayan Şehit Talha b. Ubeydullah (2011)
- Ümmetin Emini Ebû Ubeyde b. Cerrah (2012)

Für diejenigen, die es schaffen zu lieben...

Inhaltsverzeichnis

III. KAPITEL
WIE HAT DER PROPHET (SAS) DIE GEFÄHRTEN GELIEBT?

IV. KAPITEL
WIE HAT DER PROPHET (SAS)SEINE UMMA GELIEBT?

Ein Dank und ein Bittgebet

Die Idee zur Übersetzung unseres Buches „Unseren Propheten (sas), so wie die Gefährten zu lieben" ins Deutsche, entstand, als wir uns anlässlich einer Veranstaltung in Berlin befanden. Als man uns erzählte, dass die meisten unserer in Deutschland lebenden Geschwister, also die dritte Generation, das Türkische nicht ohne Schwierigkeiten lesen können und dass sie das, was sie gelesen haben, kaum verstehen, machte uns das sehr traurig. Aus diesem Anlass beschlossen wir mit der Übersetzung des vorliegenden Buches, sowohl unseren Landsleuten, als auch den immer zahlreicher werdenden deutschsprachigen Muslimen, die Liebe zu unserem Propheten (sas), die ein Grundpfeiler unseres Glaubens (Īmān) ist, näher zu bringen, um ihn (sas) so, wie die Gefährten zu verstehen.

Dafür danke ich Murat Gül, der sich für die Realisierung dieses Projektes sehr stark eingesetzt hat, dem Bruder Alper Soytürk, der einen großen Anteil an der Übersetzung hat sowie dem Direktor der Berlin Islami Ilimler Okulu Ömer Gündoğdu und erhoffe mir, dass Allah diese Arbeit als eine gute Tat von uns annehmen möge.

Unser Prophet (sas) sagte doch „Der Mensch ist mit dem zusammen, den er liebt". Mein Gebet ist nun folgender: Möge unser Herr in unserem Leben die Liebe zum Propheten und zu den Gefährten vermehren, uns gute Taten vollbringen lassen, die unsere Liebe beweisen, und diese kleine Bemühung zum Anlass dazu machen, dass unsere Liebe steigt. (Amin)

Muhammed Emin Yildirim
İstanbul/Eyüb
6 Ǧumādā al-Awwal 1434 / 18. März 2013

Vorwort des Verlagshauses

In den letzten zehn Jahren hat sich das Interesse an den islamischen Wissenschaftszweigen und insbesondere an der Prophetengeschichte (Sīra) in unserem Land sowie in der ganzen restlichen Welt erfreulich gesteigert. Dieses Interesse erweckte in den Menschen zwangsläufig das Bedürfnis, mehr Wissen über unseren Propheten (sas) und seinen gesegneten Gefährten anzueignen. Es ist enorm wichtig, diesen natürlichen und erforderlichen Wünschen mithilfe authentischen Wissens aus den Primärquellen gerecht zu werden, in dem man die Prioritäten und Bedürfnisse gut analysiert.

Als Siyer-Verlag haben wir - um einige hier zu erwähnen - in den Werken wie *Siyer Atlası*, welchem seit Beginn der Veröffentlichung in der Türkei großes Interesse entgegengebracht wurde, *Hz. Peygamber (sas)'in Albümü*, *Sahabe İklimi Serileri*, *Sahabeyi Nasıl Anlamayız?*, *Son Peygamber Hz. Muhammed (sas)* sowie *Efendimiz'i Sahabe Gibi Sevmek*, das uns unter dem Titel *Unseren Propheten (sas) so, wie die Gefährten zu lieben* hier im Deutschen vorliegt, unter Berücksichtigung des bereits oben erwähnten Bedürfnisses, dieses Thema zu unserem Verlagsprinzip gemacht.

Zudem haben wir dieses Jahr die Verlagsaufgaben des Internationalen Sīra-Instituts übernommen, welches mit dem Ziel, seine Arbeit auf eine internationale Ebene zu tragen, vom Sīra-Forschungszentrum gegründet wurde. Letzteres hat uns einen großen Beitrag bei der Verwirklichung der Werke im Gebiet der Prophetengeschichte, die wir zu veröffentlichen planen, geleistet, und mit den Projekten, die es veröffentlicht hat, der Sīra-Forschung einen neuen Schwung verliehen.

In diesem Zusammenhang beginnen wir unsere Arbeit in diesem Feld mit der deutschen Übersetzung des Werkes „Unseren Propheten (sas), so wie die Gefährten zu lieben“ von dem Sīra-Forschungsexperten Muhammed Emin Yıldırım, den auch der Sīra-Leser gut kennt und der gleichzeitig zu den Gründern des Internationalen Sīra-Instituts zählt.

Das Werk verleiht dem Begriff der „Prophetenliebe“ mit lehrreichen Beispielen aus der Zeit des Propheten (sas) eine andere Dimension. Seit der Veröffentlichung im Jahr 2009 wurde diesem Werk von den Sīra-Liebhabern in der Türkei großes Interesse entgegengebracht. Wir hoffen, dass dem Werk in der deutschen Übersetzung in Europa dieselbe Beachtung geschenkt wird.

Für den europäischen Leser mag es erstaunlich erscheinen, dass wir der deutschen Übersetzung den Vorrang vor der englischen gegeben haben. Bei dieser Entscheidung hat die Tatsache, dass Deutschland in Europa das Gebiet ist, in dem die muslimische Gemeinde am aktivsten Dienste leistet, eine große Rolle gespielt. In naher Zukunft wird inshaAllah die englische und arabische Übersetzung des Werkes erscheinen.

Unserem Verlagshaus ist es bewusst, dass das Übersetzen eines Werkes in eine andere Sprache, insbesondere in eine so schwierige Sprache wie die deutsche, eine sehr aufwändige Prozedur mit sich zieht, die nahezu bedeutet, das Werk von Neuem zu schreiben, wenn man dieser Sache gerecht werden will. In diesem Sinne bedanken wir uns bei Murat Gül und Alper Soytürk, die dieses Werk übersetzt haben, für ihre wertvolle Mühe.

Das Bemühen und die Anstrengung kommt von uns, der Erfolg hingegen von Allāh.

SIYER-VERLAGSHAUS

Vorwort

Ein Muslim, der ganz genau weiß, welchen Stellenwert der Prophet (sas) für ihn hat, wird große Anstrengungen unternehmen, um ihn zu lieben und er wird Leid auf sich nehmen, um die Behauptung ihn zu lieben auch zu beweisen. Für solch einen Muslim ist es das größte Ideal, den Propheten, den er liebt, ohne ihn je gesehen zu haben, ein einziges Mal sehen und höchstpersönlich die Worte: „Oh Gesandter Allāhs! Ich liebe dich sehr!", sagen zu können.

Aber haben wir je darüber nachgedacht, wie der Prophet (sas) antworten würde, wenn wir es ihm höchstpersönlich gesagt hätten? Was würde er sagen? Würde er so tun, als hätte er unsere Worte nicht gehört und uns enttäuschen, dass wir das überhaupt gesagt haben? Oder würde er etwa sagen: „Wenn du in deiner Liebe wahrhaftig bist, wo sind dann die Taten, die das beweisen?" und von uns andere Sachen verlangen?

Oder würde er den Satz, den wir eigentlich alle hören wollen würden sagen: „Und ich liebe euch auch sehr"?

Es ist möglich darüber noch weitere Mutmaßungen anzustellen. Jedoch werden all diese Mutmaßungen gegenstandslos sein, keine von ihnen wird unsere Neugier stillen können; darüber hinaus noch werden sie uns vielleicht dazu verleiten Worte zu sagen, die unsere Grenzen überschreiten. Denn über ein Gebiet zu sprechen, worüber der Prophet nicht gesprochen hat, in seinen Namen Mutmaßungen anzustellen: das hieße den Propheten nach seinen eigenen Annahmen sprechen zu lassen. So etwas hieße nicht, ihm zuzuhören, sondern ihm unsere Sichtweisen aufzuerlegen. Die erste Frage, die wir uns bei allen Ungewissheiten und Problemen, denen wir begegnen, stellen müssen, lautet, ob unser Prophet in Bezug auf diese Angelegenheit eine Aussage getroffen hat oder nicht oder, ob er uns in dieser Angelegenheit ein gelebtes und weiterhin lebendes Erbe (Sunna) hinterlassen hat oder nicht.

Wenn wir ausgehend von dieser Grundregel an das prophetische Erbe (Sunna) unseres Propheten die Frage stellen würden, dessen Antwort wir erfahren möchten, und sagen würden: „Wenn wir eines Tages unseren Propheten begegnen sollten und ihm unsere Liebe erklären würden, welche Antwort würde er uns geben?" Lasst uns die Antwort hierauf gemeinsam lesen:

Von einem der mutigen Gefährten ʿAbdullāh b. Muġaffal[1] überliefert, der da sagte: „Einer der Gefährten kam eines

---

[1] ʿAbdullāh b. Muġaffal, der unter den Beinamen Abū Saʿīd oder Abū Ziyād bekannt ist, war Medinenser. Es wird gesagt, dass der 92. Vers der Sūra Tauba seinetwegen und noch wegen anderen Gefährten, die ihm ähneln, offenbart wurde. Er hat 43 Ḥadīṯe von unserem Propheten (sas) überliefert. Er ist im Jahre 59 n.H. bzw. 679 n.Chr. in Baṣra gestor-

Tages zum Propheten (sas) und schrie mit lautstarker Stimme: ***„Oh Gesandter Allāhs! Ich schwöre bei Allāh, dass ich dich sehr liebe!“*** Unser Prophet schaute diesen Gefährten kurz an und sagte: ***„Bist du dir im Klaren, was du da sagst?“*** Der Gefährte, der sich im Klaren war, was er da sagte, und als einer, der von sich überzeugt war, wiederholte seinen Satz noch einmal: ***„Oh Gesandter Allāhs! Ich schwöre bei Allāh, dass ich dich sehr liebe!“*** Unser Prophet (sas) sagte nochmals den gleichen Satz: ***„Bist du dir im Klaren, was du da sagst?“*** Der Gefährte wiederholte seinen Satz zum dritten Mal: ***„Oh Gesandter Allāhs! Ich schwöre bei Allāh, dass ich dich sehr liebe!“*** Als unser Prophet die Entschlossenheit bei diesem Gefährten sah, sagte er, als würde er ihm gleich belehren, was wahre Liebe wirklich bedeutet: ***„Wenn du mich liebst, dann bereite dich auf Armut vor. Denn die Armut trifft den, der mich liebt schneller als ein Regen, der von oben herunter strömt.“***[2]

Das war also die Antwort unseres Propheten an denjenigen, der sagte: „Ich liebe dich sehr.“ Natürlich kann diese Antwort unseres Propheten (sas) aus verschiedenen Perspektiven betrachtet und ausgewertet werden.[3] Jedoch, wenn wir den Ḥadīṯ aus dem Blickwinkel des Themas, auf das wir den Schwerpunkt legen werden, betrachten, so gibt es eine Sache, die wir in aller Ruhe sagen können, und zwar, dass Liebe in der Welt unseres Propheten keinesfalls eine Sache war, die man mit Leichtigkeit erlangen konnte. Nun gut. Aber wieso?

---

ben. Sein Totengebet hat gemäß seinem Testament der Gefährte Abū Barza al-Aslamī verrichtet. Für mehr Informationen über ihn, siehe: Ibn Ḥağar: *al-Iṣāba* Bd. II, S. 1127, 1128; Ibn Aṯīr: *Usd al-Ġāba*, Bd. III, S. 396, 396.

[2] Tirmiḏī, *Zuhd*, 36

[3] Imām Nawawī: *Riyāḍ aṣ-Ṣaliḥīn*, BdIII, S. 233,234.

Wie können wir verstehen, dass dem so ist, wenn wir uns das Leben unseres Propheten anschauen?

Überlegt mal, als der Gesandte Allāhs die erste Offenbarung erhielt, war er 40 Jahre alt. Bis zu diesem Tag wohnte er in einen der schönsten Häuser Mekkas, das den Beinamen *Raḍī'atu-l Ka'ba* (Das Säugling der Ka'ba) erhielt.[4] Er war ein sehr guter Händler. Die Märkte Mekkas und ihre Umgebung schenkten seinen Worten Achtung. Auch wenn er keine persönlichen Besitztümer hatte, erging es ihm sehr gut, aufgrund des Vermögens seiner Frau Ḫadīğa. Er war jemand, dem die Gesellschaft den Beinamen *al-Amīn* gab, dessen Wort geschätzt wurde, der als Richter und Schlichter herangezogen wurde und den jeder sehr mochte.

Genau während dieser Zeitspanne, als er in dieser Position war, eines montagabends (laylatu-l Qadr) im Jahre 610 n.Chr., als ihm der Erzengel Gabriel erschien, ihm die ersten fünf Verse des göttlichen Buches offenbart wurden, er mit großer Furcht nach Hause kam und sich in die Arme seiner geliebten Frau Ḫadīğa warf, hatte sich sein Leben nun grundlegend geändert. Freunde von gestern wurden auf einmal zu Feinden; diejenigen, die noch gestern seinen Worten Achtung schenkten, fingen an alles daran zu setzen, ihn mundtot zu machen; diejenigen, die noch gestern mit ihm Handel trieben, fingen plötzlich an ihn unter Belagerung zu stellen und all ihre Beziehungen zu ihm zu unterbrechen.

Was war denn passiert, dass auf einmal um unseren Propheten (sas) solch grundlegende Veränderungen eintraten? Es ist klar, was passiert war. Die Person, die gestern nur *Muḥam-*

---

[4] Yamanī, Muḥammad 'Abduh; *Umm al-Mu'minīn Ḫadīğa bint Ḫuwalid Sayyidatun fī Qalb al-Muṣṭafā*, S. 37.

mad al-Amīn war, wurde plötzlich zu *Muḥammad Rasūlullāh* und zog zu Felde für die Aufrechterhaltung des Rechts. Die Aufrechterhaltung des Rechts hieß die Beseitigung des heidnischen Aberglaubens. Als der heidnische Aberglauben anfing allmählich zu bröckeln, fingen jene, die bis zu diesem Zeitpunkt den heidnischen Aberglauben unterstützten, an, unruhig zu werden. Denn alle gesandten Propheten kamen nicht, um der Menschheit das Paradies auf Erden zu versprechen, sondern sie kamen eigentlich, um die Menschen ins Paradies zu führen. Von daher wurden die Propheten nicht dafür geschickt, dass sie es (das Leben) den Menschen so angenehm wie möglich machen, sondern dafür, es ihnen „unbequem" zu machen. Da dem so ist, mussten jene, die die Propheten lieben und versuchen auf seinem Weg zu gehen, bereit sein, einen Preis dafür zu zahlen. Und genau um dies kundzutun, sagte unser Prophet (sas): **„Wenn du mich liebst, dann bereite dich auf Armut vor. Denn die Armut trifft den, der mich liebt schneller als ein Regen, der von oben herunter strömt."**

Die Armut, die im Ḥadīṯ erwähnt wird, ist nicht nur finanzielle Armut. Hierneben heißt es, den Prüfungen gegenüber Geduld zu zeigen, die durch die Taten, die begangen werden, um die Liebe zu beweisen, einen treffen werden. Denn „Ich liebe dich!" zu sagen, war eine Behauptung. Da jede Behauptung von demjenigen, der etwas behauptet einen Beweis fordert, verlangte auch diese Behauptung einen Beweis. Behauptungen, deren Beweise nicht erbracht wurden, würden lediglich zu Worten verkommen, die einfach im Raum stünden - ohne ein Nutzen.

Damit unsere Liebe nicht einfach im luftleeren Raum stehen bleibt und damit wir lernen, wie man den Propheten (sas) wirklich lieben kann, werden wir versuchen, mehr über die Helden dieser Liebe, also jene, die am besten die Liebe zum Propheten umzusetzen wussten, zu erfahren: nämlich die Gefährten.

Unser Buch setzt sich, die Einleitung inbegriffen, aus fünf Kapiteln zusammen. Wir werden versuchen folgendes zu erklären:

- **in der Einleitung;** die Sitte des Liebens
- **im ersten Kapitel:** Warum wir und wie wir unseren Propheten lieben müssen
- **im zweiten Kapitel:** Wie die Gefährten unseren Propheten geliebt haben
- **im dritten Kapitel:** Wie unser Prophet die Gefährten geliebt hat
- **im vierten Kapitel:** Wie unser Prophet seine Umma geliebt hat

Auch wenn sich in unserem Buch die Überschriften der Kapitel ändern, auch wenn sich die Richtungen ändern (zwischen dem Liebenden und den Geliebten: das einzige, was sich nicht ändern wird, ist, dass alles sich um Liebe handeln wird, dass über Liebe gesprochen wird und dass Liebe gelernt wird.

Die Essenz, auf die wir das Augenmerk in diesem Werk richten möchten, ist, zu sehen und gleichzeitig auch zu zeigen, wie die ehrenwerten Gefährten unseren Propheten (sas) geliebt haben, damit wir aus ihrer Welt einige Spuren in unsere Welt übertragen. Diese auserwählte Generation, die auf dem Weg dieser Liebe große Opferbereitschaft zeigte, hat den Gläubigen nach ihnen mit ihrem eigenen Leben gezeigt, dass diese Sache nicht billig und einfach zu haben ist.

Es liegt an uns, Beispiele an ihren Leben zu nehmen und in unserer heutigen Welt die Möglichkeiten der Umsetzung aufzuzeigen, indem wir versuchen,-, sie richtig zu verstehen und zu erklären, ohne ihre Erinnerungen zu bloßen ausgeschmückten Worten verkommen zu lassen, in Sitzungen, wo eine emotionale Atmosphäre vorherrscht. Während wir euch auf die Reise schicken, die wahre Liebe zu ergründen, die die Gefährten in diesem Klima belebte, bitten wir unseren Herrn, es uns zu ermöglichen, unseren Propheten mit dem Edelmut seiner Gefährten zu lieben. Der größte Gewinn für unsere Arbeit, die nicht von Fehlern frei ist, ist es dazu beizutragen, dass unser Prophet (sas) im wahrsten Sinne des Wortes geliebt wird.

Die Anstrengung und der Eifer sind von uns, das Ergebnis und der Lohn kommt von unserem Herrn.

MUHAMMED EMİN YILDIRIM
27. Ṣafar 1432 / 2. Februar 2011
Eyüp/Istanbul

Einleitung

Das Leben eines Muslims muss auf den guten Charakter aufgebaut sein. Denn der gute Charakter ist nach dem Īmān die nächste Etage im Glaubensgebäude. Er ist einer der Grundsäulen des Menschen, dessen Daseinsgrund die Hingabe an Allāh ist. Deswegen sagte unser Prophet, der der größte Lehrer unserer Religion und unseres Lebens ist, als er den Grund seiner prophetischen Aufgabe bekanntgab: **„Ich wurde geschickt, um den edlen Charakter zu vervollständigen.“**[1] Und tatsächlich ist das Leben unseres Propheten (sas) in seinen 23 Offenbarungsjahren, aber natürlich auch seinen 40 Lebensjahren vor der Offenbarung, also in jeder Phase seines 63 jährigen Lebens, ein Leben, das für die Herausbildung des erhabensten Charakters erzogen wurde. Welche Seite wir

---

[1] Imām Mālik: *Ḥusnu-l Ḫuluq*, 8; al-ʿAǧlūnī: *Kašfu-l Ḫafā*, Bd. I, S. 211.

auch aus dem gesegneten Leben, die unser Prophet verbracht hat, anschauen mögen, was wir vorfinden werden, ist genau das.

Edle Charakterzüge im Krieg, im Frieden, zu Hause, auf der Arbeit, in der Moschee, auf dem Markt, was auch immer ihr aufzählen mögt, es ist unmöglich, dass wir ein anderes Ergebnis vorfinden. Der Qur'ān hat sowieso schon bekanntgegeben, dass er großartige Charakterzüge besitzt.[2] Auf eine Frage antwortete unsere Mutter ʿĀiša, die unseren Propheten am besten kannte, indem sie sagte: **„Sein Charakter ist der Qur'ān.“**[3]Sie verkündete uns damit, dass sein Charakter im Grunde eine Form des Qur'āns ist, das sich in seinem Leben widergespiegelt hat. Welch einem Bild werden wir wohl begegnen, wenn wir uns das 63 jährige gesegnete Leben unseres Propheten (sas) anschauen? Wenn wir die Sīra-Seiten unter diesem Gesichtspunkt durchblättern, erhalten wir folgende Nachrichten:

- **Das Haus Amīnas:** Die Liebe und der Respekt gegenüber der Mutter
- **Das Haus Ḥalīmas:** Das Zusammenleben mit verschiedenen Menschen
- **Das Haus ʿAbdulmuṭṭalibs:** Die Verhaltensregel für die Kommunikation mit Größeren und Verwandten
- **Das Haus Abū Ṭālibs:** Das Aufrechtstehen, ohne sich auf andere zu stützen
- **Die Fiǧǧār-Kriege**: Die Verhaltensregeln zur Selbstverteidigung
- **Ḥilf al-Fuḍūl:** Gegen die Unterdrücker und Tyran-

[2] Sūra al-Qalam, 68:4

[3] Muslim: *Musāfirīn*, 139; Abū Dāwūd, *Taṭawwuʿ*, 26

nen zu sein und auf der Seite der Unterdrückten Platz zu nehmen

- **Die Besuche nach Buṣrā und aš-Šām:** Die Verhaltensregeln zu Handel und Arbeit
- **Die Heirat mit Ḫadīǧa:** Die Verhaltensregeln als Familie, Ehepartner und Vater
- **Die Herrschaft über Mekka:** Die Verhaltensregeln zum Fällen von Urteilen und die Vorgehensweise bei Problemen
- **Ḥīra:** Der Schmerz des Seins und der Suche
- **Dār al-Arqam:** Bildung und Lehre
- **Šabbu Abī Ṭālib:** Entbehrung und Armut
- **Ṭāif:** Die Verhaltensregeln zur Daʿwa und Tablīġ
- **Isrā und Miʿrāǧ:** Entlohnung und Erhöhung
- **ʿAqaba:** Treueschwur und Loyalität
- **Ṯaur:** Vorkehrung und Gottesvertrauen
- **Hiǧra:** Die Verhaltensregeln zur Reise
- **Medīna:** Die Verhaltensregeln zu Staat und Herrschaft
- **Muʿāhāt:** Die Verhaltensregeln der Brüderlichkeit und des Teilens
- **Qibla:** Die Verhaltensregeln zu Ort und Richtung
- **Die Ṣuffa Schule:** Die Verhaltensregeln zum Wissen und zur Fachkenntnis
- **Badr:** Die Verhaltensregeln zu Sieg und Erfolg
- **Uḥud:** Die Verhaltensregenl zu Niederlage und Misserfolg
- **Banū Qaynuqāʿ:** Der Respekt vor Heiligtümern und die Beschützung derer

- **Banū Naḍīr:** Die Verhaltensregeln eines Mu'mins gegenüber Verrat und Treuebruch
- **Der Vorfall des Lügens (Ifk):** Der Charakter eines Muslims bei Verleumdung und gegenstandslosen Nachrichten
- **Ḫandaq:** Geduld und Widerstand
- **Banū Qurayẓa:** Die Verhaltensregeln im Falle der Herrschaft über die Opposition
- **Die Vereinbarung von Ḥudaybiyya:** Die Verhaltensregeln im Friedensfall und die Loyalität gegenüber der Vereinbarung
- **Die nachgeholte ʿUmra:** Bescheidenheit und Würde
- **Ḫaybar:** Kampf und Widerstand
- **Die Schlacht von Mu'ta:** Die Verhaltensregel, den Befehlshabern zu gehorchen, und die Hingabe
- **Die Eroberung Mekkas:** Eroberung und Kraft
- **Schlacht von Ḥunayn:** Stärke und die Überlegenheit in der Anzahl
- **Die Feldzüge in Awtas und Ṭāif:** Besitz und Kriegsbeute
- **Die Schlacht von Tabūk:** Mühe und Bedrängnis
- **Die Abschiedspilgerfahrt:** Die Verhaltensregeln der Ḥağğ und der Trauer
- **Abschied:** Tod und Trennung

Welche Seite wir aus der Lebensgeschichte des Propheten (sas) auch immer aufschlagen, so finden wir als Ergebnis nichts anderes als diese Nachrichten vor. Diese Tatsache beschränkt sich auch nicht nur auf das Leben unseres Propheten. Wenn wir uns dies in Bezug auf die Gefährten anschauen, ist es möglich dieselbe Botschaft wiederzufinden.

Die Gefährten waren Ausnahmepersönlichkeiten, die unter der Obhut des gesegneten Propheten aufwuchsen, der geschickt wurde, um die edlen Charaktereigenschaften zu vervollkommnen. Als unser Prophet (sas) diese mutige Gruppe von Gefährten unter seine Obhut nahm, hat er jeden einzelnen von ihnen in einem anderen Bereich des Charakters zu einer Persönlichkeit ohne Beispiel erzogen. Wenn man es so ausdrücken kann, so hat er sie im prophetischen Tiegel, den er errichtet hat, mit dem Diamantenschwert des Qur'āns zu reifen Persönlichkeiten geformt.

Es gibt noch einen weiteren Punkt, auf den hier hingewiesen werden muss: Während unser Prophet, der die gelobten Charaktereigenschaften (Ahlak-ı Hamidiye) in seiner Persönlichkeit vereinte, jeden einzelnen Wesenszug seiner Charaktereigenschaften bei einem seiner Gefährten perfektionierte, hat er uns auch den Idealzustand dieser Charaktereigenschaft in der Praxis vorgelebt und vorgezeigt.

Wenn dem so ist, müssen wir, welche Lebensseite eines Gefährten wir auch lesen möchten, welchen Gefährten wir auch verstehen möchten, unseren Weg mit der Neugier *„Welche Spur hat wohl unser Prophet (sas) bei diesem Gefährten hinterlassen?“* beginnen. Denn unser Prophet ist gelaufen, in dem er in einer Art und Weise Spuren hinterlassen, die nicht wegzuwischen sind, wie kein zweiter in der Geschichte. Der größte Hinweis dieser Spuren, ist die gesegnete Gefährtengeneration, die unter seiner Obhut heranwuchs. Weil es tatsächlich so ist, ist es möglich, bei jedem einzelnen Gefährten die Spuren dessen wiederzufinden. Welches Bild würden wir wohl bei einer Gruppe von Gefährten vorfinden, wenn wir versuchen würden, auf diese Spuren nur aus dem Blickwinkel der Charaktereigenschaften zu schauen? Die Antwort auf diese Frage können wir folgendermaßen beantworten:

- **Abū Bakr:** Wahrhaftigkeit und Treue
- **ʿUmar:** Kraft, Stärke und Gerechtigkeit
- **Uṯmān:** Scham, Anstand und Großzügigkeit
- **ʿAlī:** Wissen, Mut und Kampfesmut
- **Ḫadīǧa:** Aufopferung, Treue und Erziehung
- **Zubayr b. ʿAwwām:** Aufrichtigkeit und Freundschaft
- **Ṭalḥa b. ʿUbaydullāh:** Gnade und Großzügigkeit
- **ʿAbdurraḥmān b. ʿAwf:** Handel, Arbeit und Kompetenz
- **Saʿd b. Abī Waqqās:** Verteidigung und Tapferkeit
- **Saʿīd b. Zayd:** Hingabe und Aufrichtigkeit
- **ʿĀiša bint Abī Bakr:** Wissen und Iǧtihād
- **Muṣʿab b. ʿUmayr:** Freundschaft und Liebe
- **Arqam b. Abī-l Arqam:** Bildung und Lehre
- **Abū Ḏarr al-Ġifārī:** Bescheidenheit, Stolz und Enthaltsamkeit
- **Asmā bint Yazīd:** Würde und Ausgeglichenheit
- **Nasība bint Kaʿb:** Geduld und Keuschheit
- **Sumayra bint ʿUbayd:** Erziehung und Gelöbnis
- **Anas b. Nādir:** Anspruchslosigkeit (Verzicht) und Ǧihād
- **ʿAbdullāh b. Ǧaḥš:** Gottesfurcht und Märtyrertod
- **Umm Ayman bint aṯ-Ṯaʿlaba:** Barmherzigkeit und Mitgefühl

- **Ḥabbāb b. Arat:** Demut und Widerstand
- **ʿAbdullāh b. Masʿūd:** Das Fällen von Urteilen und die Herangehensweise bei Problemfällen
- **ʿAmmār b. Yāsir:** Das Festhalten am Recht und die Entschlossenheit
- **Bilāl al-Ḥabašī:** Liebe und Gottesvertrauen
- **Salmān al-Fārisī:** Die Suche nach Wahrheit und Vertrauen

Wenn wir also auf die Spuren der Leben der Gefährten, die unter der gesegneten Obhut unseres Propheten (sas) heranwuchsen, aus der Perspektive der Charaktereigenschaften schauen, werden wir diese wichtigen Ergebnisse erhalten. Genau an diesem Punkt stellen wir folgende Frage: „Wird unser Prophet, der *Uswatun Ḥasana* ist (also, der das unbestrittene Vorbild in jeder Situation und in jedem Lebensbereich ist), so, wie er uns alle Bereiche der Charaktereigenschaften, die wir brauchen, gelehrt hat, indem er Offenbarungen vom Qurʾān erhielt, uns auch die Verhaltensregeln der Liebe lehren?“ Die Antwort auf diese Frage wird mit Sicherheit „Ja“ lauten. So wie die Welt eine Vielzahl von Sachen von ihm gelernt hat, hat sie von ihm auch das Lieben, das Geliebtwerden, das Freude bereiten und die Verhaltensregeln zu all diesen Sachen gelernt.

Unser Prophet (sas) hat uns gelehrt, dass die Liebe einer der Grundsäulen des Charakters ist, und er hat uns durch sein Leben, seine Worte und seine Schüler, die er aufzog, in einer detaillierten und umfassenden Art und Weise gelehrt, dass sich diese Grundsäulen je nach Persönlichkeit der Person (Liebender und Geliebter) ändern können. Wir haben z.B. aus der Zuneigung, die er gegenüber seinen Frauen hatte eine

Menge gelernt in Bezug darauf, wie die Liebe zwischen den Ehepartnern sein sollte. Wir haben aus der Liebe und Zuneigung, die er gegenüber seinen Freunden in seinen Umkreis empfand eine Menge gelernt in Bezug darauf, wie die Liebe unter den Freunden sein sollte. Wir haben viel von ihm gelernt in Bezug darauf, wie die Eltern-Kind-Liebe sein sollte, wie die Liebe des Kindes zur Mutter, der Mutter zum Kind, des Vaters zum Kind sein sollte. Beispiel: Wie hätten wir je wissen können, dass die Stellung der Mutter so hoch ist, hätte unser Prophet (sas) nicht gelehrt, dass drei Väter bloß einer Mutter gleichkommen?[4] Wir haben von ihm viel gelernt in Bezug darauf, wie die Liebe zwischen Lehrer/Schüler, Arbeiter/Arbeitgeber, Geschäftspartnern und zwischen noch so vielen anderen Gruppen von Menschen sein sollte

Hat uns unser Prophet nicht nur die menschliche Dimension des Liebens, sondern sogar die göttliche Dimension davon gelehrt, z.B., wie man Allāh (swt.) wirklich lieben kann? Wie hilflos wir doch dastünden, wenn er uns nicht gelehrt hätte, wie man Allāh wirklich lieben muss, also wenn er uns nicht die Grundsäulen der Liebe zwischen Allāh und Mensch aufgezeigt hätte, oder? Aber wir sind heute im Stande durch das Gottesbild im Leben unseres Propheten und durch die Grundsäulen der Verhaltensregeln zur Liebe, die durch das richtige Gottesverständnis geformt wurde, ein richtiges Lie-

---

[4] Einer der Gefährten stellte dem Propheten (sas) folgende Frage: ***„Oh Gesandter Allāhs! Wer ist die Person, die ich am besten behandeln und der ich am meisten meine Hilfe anbieten muss?“*** Unser Prophet sagte: ***„Deine Mutter.“*** Der Gefährte fragte: ***„Wer kommt danach?“*** Unser Prophet sagte wieder: ***„Deine Mutter.“*** Der Gefährte wiederholte seine Frage: ***„Und wer kommt danach?“*** Unser Prophet sagte zum dritten Mal: ***„Deine Mutter.“*** Als der Gefährte noch ein weiteres Mal fragte: **„Und wer kommt danach?“**, sagte unser Prophet: ***„Danach kommt dein Vater.“*** Buḫārī: *Adab*, 2; Muslim, *Birr*, 1,2; Abū Dāwūd: *Adab*, 120.

besverständnis zu unserem Herrn aufzubauen. Nun gut. Hat uns unser Prophet, der uns in jedem Bereich die Säulen der Verhaltensregeln gelehrt hat, auch gelehrt, weswegen und wie wir ihn lieben müssen? Sicherlich hat er das. Sogar ihn richtig zu lieben, können wir nur von ihm lernen. Wenn wir auf sein prophetisches Erbe zurückgreifen, können wir wichtige Botschaften darüber finden, sei es im Qur'ān oder in der Erklärung des Qur'āns, seiner Sunna-, weswegen wir und natürlich wie wir unseren Propheten (sas) lieben müssen. Also bitte: lasst uns versuchen zunächst auf das „Wieso" und dann auf das „Wie" eine Antwort zu finden.

I. Kapitel

Warum wir und wie wir unseren Propheten (sas) lieben müssen

Warum wir unseren Propheten (sas) lieben müssen

Die Frage nach dem „Warum" ist notwendig, um den Charakter und Inhalt einer Sache verstehen zu können. Gleichwohl ein Muslim sehr gut weiß, warum er seinen Propheten lieben muss: dennoch sind wir gezwungen, im Lichte des Qur᾽āns und der Sunna Antworten zu finden, um diese Liebe in der gewünschten Form aufzurichten. Wir stellen uns auch diese Frage und begnügen uns damit, von zig Antworten, die man geben könnte, die sieben Verse von der Sūra Fātiḥa, die ihm (den Propheten) offenbart wurden, heranzuziehen.

- ***Unseren Propheten zu lieben ist keine Sache des Gemütszustandes und der Emotion, sondern eine notwendige Bedingung des Īmān***

Das muss der erste Pfeiler für den Grund der Liebe zwischen einem Muslim und dem Propheten sein. Der gläubige Mensch muss wissen, dass die Liebe zum Propheten, an den er glauben muss, keinesfalls eine Angelegenheit ist, die lediglich auf Emotion und Begeisterung begrenzt werden kann. Denn zum Thema, inwiefern dies eine Angelegenheit des Īmāns ist, hat unser Herr im Qurʾān oder unser Prophet, der uns die göttlichen Botschaften lehrt, in zahlreichen Erklärungen eindeutig dargelegt. Beispiel: Unser Herr befiehlt in der Sūra Tauba folgendes:

„Sprich: „Wenn eure Väter und eure Söhne und eure Brüder und eure Frauen und eure Verwandten und das Vermögen, das ihr euch erworben habt, und der Handel, dessen Niedergang ihr fürchtet, und die Wohnstätten, die ihr liebt[1], euch lieber sind als Allah und Sein Gesandter und das Kämpfen für Seine Sache, dann wartet, bis Allah mit Seiner Entscheidung kommt; und Allah weist den Ungehorsamen nicht den Weg."[2]

Der große Koranexeget Imām Qurṭubī verwendet beim Tafsīr dieses Verses folgenden Ausdruck: *„Dieser Vers ist ein Beweis dafür, dass die Liebe zu Allah und seinem Gesandten obligatorisch (farḍ) ist und in diesem Punkt gibt es überhaupt keine Meinungsverschiedenheiten. Außerdem steht diese Liebe über jeder anderen Art von Liebe."*[3]

Daher muss die erste Antwort auf die Frage, warum wir lieben müssen, diese sein: „Unseren Propheten zu lieben ist

[1] Von dem, was im Vers aufgezählt wird, verstehen wir, dass alles aber auch alles was wir vorziehen sollten gemeint ist.

[2] Sūra Tauba 9:24

[3] Imām Qurṭubī: Tafsīr: *al-Ǧāmiʿu li Aḥkāmi-l Qurʾān*, Bd.VIII, S. 165

keine Sache des Gemütszustandes und der Emotion, sondern eine notwendige Bedingung des Īmāns."

- ***Unseren Propheten zu lieben, ist das wichtigste Mittel, um den Geschmack und Genuss des Īmāns zu erhalten***

Zu glauben und zum Genuss des Imāns zu gelangen, ist der Ausgangspunkt und der Endpunkt (im Sinne von, wohin man gelangen will) einer Sache. Den Geschmack und Genuss des Īmān zu erlangen, ist eine äußerst wichtige Angelegenheit. Genau in diesem Punkt müssen wir eingestehen: Derjenige, der es nicht geschmeckt hat, kann es nicht wissen, und, derjenige, der es geschmeckt hat, kann es nicht erklären. Allerdings müssen wir uns folgende Frage stellen, um diesen Punkt und um das Ziel, das den Gläubigen vorgeschrieben ist, zu erreichen: „Welche Unterschiede gibt es zwischen dem „einfachen Glauben" und dem „auf den Geschmack des Glaubens zu kommen?" Es ist gewiss, dass es einige Unterschiede gibt; denn wenn es keinen Unterschied gäbe, würde dem Menschen solch ein Ziel nicht vorgesetzt werden. Zu diesem Thema kann vieles gesagt werden, aber wenn wir versuchen sollen, mit wenigen Worten zusammenzufassen, lässt sich sagen: Derjenige, der glaubt, wird ein Diener Allāhs, doch derjenige, der auf den Geschmack des Glaubens kommt, wird Allāhs Freund (Ḫalīl), so wie Ibrahim (a.s.), und Allāhs Geliebter (Ḥabīb), so wie unser Prophet (sas). Derjenige, der einfach nur glaubt, betrachtet die Gebote und Verbote Allāhs, die ER von ihm verlangt, für eine Verantwortung. Derjenige, der auf den Geschmack des Glaubens gekommen ist hingegen, sieht jedes Gebot oder Verbot als das größte Mittel, sich seinem Herrn zu nähern. Beispiel: Für denjenigen, der glaubt, ist das fünfmalige Gebet am Tag ein Gottesdienst (ʿIbāda), das Allāh von ihm verlangt. Für denjenigen, der auf den Geschmack des Glaubens gekommen ist, ist es eine Möglichkeit Allāh zu treffen, Allāh wiederzusehen, Allāh seine Sorgen zu teilen und mit Allāh zu reden. Daher ist für unseren Propheten (sas), der in der Menschheitsgeschichte am meisten auf den Geschmack des Īmāns gekommen ist, das Gebet sein Augentrost.[4]

Das sind eben die Unterschiede zwischen dem, der glaubt und dem, der auf den Geschmack des Glaubens gekommen ist. Gut, aber wie kann es ein glaubender Mensch schaffen auf den Geschmack des Glaubens zu kommen? Bevor wir auf diese wichtige Frage antworten, müssen wird zuvor an den siebten Vers der Sūra Ḥuğurāt erinnern: Unser Herr befiehlt:

„...jedoch Allah hat euch den Glauben lieb gemacht (den Īmān zu lieben) und sehr begehrenswert für eure Herzen; und Er hat euch Unglauben, Widersetzlichkeit und Ungehorsam verabscheuenswert gemacht. - Das sind jene, die der rechten Bahn folgen.“[5]

Die Ausdrücke, die in diesem Vers verwendet werden, verwandelten sich in der Welt und der Zunge unseres Propheten (sas) zu einem Bittgebet. Die Horizonte, die der Qur᾿ān auf sein Herz und in seine Seelenwelt niederließ, spiegelten sich in seiner gesegneten Zunge folgendermaßen wieder: „Mein Herr! Lass uns den Īmān lieben und mache ihn zu einem Schmuck unseres Herzens. Lass uns den Unglauben, die Abirrung, jede Abscheulichkeit, Ausschweifung und die Auf-

---

[4] ***„Mir wurde aus eurer Welt der schöne Duft und die Frau lieb gemacht. Das Gebet jedoch ist mein Augentrost.“*** Nasāi: *Išratu-n Nisā*,1; Aḥmad b. Ḥanbal: *Musnad*, 3/285; Ḥākim: *Mustadrak,* 2/175

[5] Sūra Ḥuğurāt 49:7

lehnung gegenüber dir missachten. Lass uns zu denjenigen gehören, die die geistige Reife erreicht haben."[6]

Der Ausdruck „den Īmān zu lieben" in dem Vers und dem prophetischen Bittgebet, auf den wir aufmerksam gemacht haben, ist sehr wichtig. Den Īmān zu lieben und in der Seele zu verdauen und zum Schmuck des Herzens zu machen: eben das ist auf den Geschmack des Glaubens zu kommen! Welche Antwort werden wir erhalten können, wenn wir nach diesen Erklärungen auf die Botschaft, auf der wir unseren Schwerpunkt legen möchten, zurückkehren, und noch einmal die Frage stellen, wie man zum Geschmack des Glaubens kommt? Die Antwort gibt uns unser Prophet, der uns auch dieses Ziel vorgab. Er sagt: **„Bei wem sich die folgenden drei Eigenschaften wiederfinden, der wird die Süße und den Geschmack des Glaubens schmecken: Dass er Allāh und seinen Gesandten (sas) mehr als alles andere liebt; dass er das, was er liebt, ausschließlich für Allah liebt; dass er die Rückkehr nochmals zum Unglauben, nachdem er den Īmān erhalten hat, so verachtet, als würde er in die Hölle geschmissen werden."**[7] Die erste der drei Säulen, die unser Prophet aufzählt, um den Geschmack des Glaubens zu erreichen ist: „Allah und seinen Gesandten mehr als alles andere zu lieben." Und aus dem Grund sagen wir, dass die Liebe zu unserem Propheten das wichtigste Mittel ist, um den Geschmack des Glaubens zu bekommen.

---

[6] Aḥmal b. Ḥanbal: *Musnad*, 3/424

[7] Buḫārī: *Īmān*, 14; Muslim, *Īmān*, 68,68; Nasāi: *Īmān*, 3; Tirmiḏī, 2624

- ***Die Liebe zu unserem Propheten ist das wichtigste Mittel, um Allāh zu lieben und um Seine Gnade und Vergebung zu erlangen***

Der Ausdruck dieser Botschaft findet sich im Qur'ān folgendermaßen wider: **„Sprich: „Wenn ihr Allāh liebt, so folgt mir. Lieben wird euch Allah und euch eure Sünden vergeben; denn Allāh ist Allvergebend, Barmherzig.“**[8]

In diesem Vers hat unser Herr die wahre Liebe zu Ihm an die Bedingung geknüpft, Seinen Gesandten zu folgen und zu verfolgen. Zu folgen, zu verfolgen, nachzuahmen oder auch den Erfordernissen in den Überlieferungen nachzukommen, hängt mit der Liebe zusammen. Warum sollte denn ein Mensch auf jemanden, den er nicht liebt, hören? Denn das Folgen beginnt mit dem Lieben.

Hier müssen wir auf einen weiteren Punkt hinweisen: Das göttliche Gefüge, das wir Religion (dīn) nennen, hat drei Grundsäulen. Diese sind der Reihenfolge nach Allāh, Qur'ān und der Prophet. Von diesen drei Grundsäulen ist uns der Prophet am Nächsten in Bezug auf den Wesenszug. Warum? Denn der Prophet ist ein Mensch, ein Geschöpf; seine Ansprechpartner, zu denen er geschickt wurde, sind auch Menschen und Geschöpfe. Daher leitet unser Herr die Gläubigen dazu an, dass sie nicht Ihm folgen sollen, sondern Seinem Gesandten, indem er sagt: **„Gehorcht den Gesandten, den ich geschickt habe, und folgt ihm“**. In diesem Fall muss eigentlich die Beziehung zu unserem Propheten vor allen anderen Sachen kommen. Die erste Stufe zu dieser Beziehung ist sicherlich, ihn im wahrsten Sinne des Wortes zu lieben. Das Lieben wird es gewährleisten, ihm zu folgen, das Folgen

[8] Sūra Āli ʿImrān 3:31

wiederum wird die Liebe Allāhs und diese große Liebe zu erhalten, wird das Recht auf die göttliche Barmherzigkeit und Vergebung gewährleisten.

- ***Den Propheten (sas) zu lieben ist das Einzige, was dieser gesegnete Prophet von uns möchte, der in seinem 23 jährigen Offenbarungsleben seinen Tag und seine Nacht für diese Umma opferte***

Der Qur'ān erwähnt uns in vielen Versen von den fundamentalen Charaktereigenschaften der gesandten Propheten und von ihren grundlegendsten Persönlichkeitszügen. Einer der wichtigsten dieser Eigenschaften ist, dass man gegenüber einer harten und mühsamen Arbeit, die man macht, von den Menschen nichts erwartet.

„Mein Lohn ist allein bei Allah“

Diesen göttlichen Befehl findet man mit demselben Wortlaut der unterschiedlichsten Propheten im Qur'ān ganz genau neun Mal wieder.

Allāh (swt.) hat diese Tatsache mit der Zunge Noahs (a.s.),[9] der der zweite Vater der Menschheit ist, mit der Zunge Hūds (a.s.),[10] der zum Volk ʿĀd geschickt wurde, mit der Zunge Ṣāliḥs (a.s.),[11] der zum Volk Ṯamūd geschickt wurde, mit der Zunge Lots (a.s.),[12] der zu Sodom und Gomorra geschickt wurde, das ein aufsässiges und ausschweifendes Volk war, mit der Zunge Šuʿaybs (a.s.)[13] zum Volke Madyan

[9] Sūra Yūnus 10:72; Sūra Hūd 11:29; Sūra Šuʿarā 26:109

[10] Sūra Hūd 11:51; Sūra Šuʿarā 26:127

[11] Sūra Šuʿarā 26:145

[12] Sūra Šuʿarā 26:164

[13] Sūra Šuʿarā 26:180

und natürlich mit der Zunge unseres Propheten (sas),[14] der als eine Barmherzigkeit an die gesamte Menschheit geschickt wurde, es der ganzen Welt verkündet.

Wir sehen, dass dieser Ausdruck mit den Worten des Propheten zwei Mal im Qur᾿ān auftaucht. Eins davon sehen wir in der Sūra Sabȧ:

„Ich habe von euch keinen Lohn verlangt; denn dieser (Lohn) kommt euch zugute. Mein Lohn ist allein bei Allah; und Er ist der Zeuge aller Dinge.“[15]

In der Sūra Šu῾arā̊ hat unser Prophet, obwohl er bekanntgab, dass er nichts möchte, doch etwas gewollt, und zwar: ***„... Ich verlange von euch keinen Lohn dafür, es sei denn die Liebe zu den Verwandten.“***[16]

Unsere Tafsīr-Gelehrten (Mufassirūn) haben den Ausdruck الْمَوَدَّةَ فِي الْقُرْبَى [17] verschiedenartig gedeutet. Beispiel: Imām Ṭabarī sagt, dass mit dem Begriff الْقُرْبَى die Blutsverwandtschaft gemeint ist, indem er sich auf eine Überlieferung von Ibn ῾Abbās stützt: *„Wenn ihr mir schon nicht als Prophet folgt, dann tretet für mich (zumindest) aufgrund unserer Blutsverwandtschaft ein!“*[18]

Imām Ṯa῾labī und Ibn Kaṯīr wiederum haben diesen Ausdruck mit *„Taten machen, die einem Allāh näher bringen“* ausgelegt, indem sie sich auf ein Ḥadīṯ berufen, der von Ibn ῾Abbās überliefert wurde.[19] Der Ḥadīṯ, den Ibn ῾Abbās über-

[14] Sūra Sabȧ 34:47

[15] Sūra Sabȧ 34:47

[16] Sūra Šu῾arā̊ 42:23

[17] *„Die Liebe zu den Verwandten.“*

[18] Ṭabarī: *Ǧāmi῾u-l Bayān*, Bd. 25, S.25

[19] Yıldırım, Suat; *Peygamberimizin Kur᾿an᾿ı Tefsiri*, Bd. II, S. 247

liefert hat, ist folgender: ***„Ich erwarte von euch aufgrund dessen, dass ich euch diese Rechtleitung und Wahrheit überbracht habe keinen Lohn; das einzige, was ich erwarte, ist, dass ihr Taten begeht, um Allāhs Wohlgefallen zu erlangen und dass ihr euch Ihm nähert, indem ihr Seinen Geboten folgt.“***[20]

Viele der Tafsīr-Gelehrten haben gesagt, dass damit im engeren Sinne die Liebe zur Ahl al-Bayt gemeint ist (ʿAlī, Fāṭima und ihre Kinder).[21] Welche dieser Deutungen wir auch bevorzugen, die Grundbedeutung, zu der wir gelangen, wird „Liebe“ sein. Folglich wird der Schluss, zu dem wir gelangen werden, wieder Liebe sein; sei es durch den Versuch unseres Propheten (sas), eine Verbindung mit den Qurayš auf der Grundlage der Liebe aufzubauen, indem er sie auf die gemeinsame Blutsverwandtschaft hinweist, sei es dadurch, dass er Liebe gegenüber seiner Ahl al-Bayt verlangt, oder dadurch, dass er verlangt, Taten zu begehen, die uns näher zu Allāh bringen (- wir können sogar sagen, dass zu Beginn dieser Taten die Liebe zu unseren Propheten an vorderster Stelle steht).

Deswegen sagen wir, dass die Liebe zum Propheten (sas) das Einzige ist, was dieser gesegnete Prophet, der mit seinem 23-jährigen Offenbarungsleben seinen Tag und seine Nacht für diese Umma geopfert hat, von uns möchte.

Es liegt an dieser Umma, dieser Liebe gerecht zu werden.

- ***Unseren Propheten (sas) zu lieben ist eine Treueschuld gegenüber den Propheten der Barmherzigkeit, der uns zu seinen Brüdern machte***

---

[20] Rūdānī: *Ǧamʿu-l Fawāid*, 7205

[21] Yıldırım, Suat; *Peygamberimizin Kur'an'ı Tefsiri*, Bd. II, S. 248

Einige Tage vor dem Tod unseres Propheten, ging er gemeinsam mit einer Gruppe seiner Gefährten zum Baqīʿ Friedhof. Er hielt vor dem Friedhof und gab ihren Bewohnern folgenden Gruß:

السَّلامُ عَلَيْكُمْ دَارَ قَوْمٍ مُؤْمِنِينَ وَإِنَّا إِنْ شَاءَ اللهُ بِكُمْ لاحِقُونَ

„Der Frieden Allāhs sei auf euch, ihr gläubigen Bewohner dieses Ortes. Wir werden uns euch so Allāh will anschließen.“[22]

Sogar bei diesem Bittgebet hatte unser Prophet den Wunsch, seinen Herrn zu treffen. Dann begann er an einigen Gräbern einzeln entlangzulaufen. Erst am Grab von ʿUṯmān b. Mȧzūn, dann die Gräber seiner Töchter Zaynab, Ruqayya und Umm Kulṯūm, hierauf die Gräber seines Sohnes Ibrāhīm und seines Enkels ʿAbdullāh und viele weitere... Zum Schluss dann zu Fāṭima bint Asad, das Grab der Mutter ʿAlīs, eine der beiden Frauen,[23] über die der Prophet sagte *„(Sie war) meine Mutter nach (dem Tod) meiner Mutter.“*[24]Er stand eine Weile vor ihren Gräbern, bis seine Augen feucht wurden und er für sie Bittgebete aussprach und für sie um Vergebung bat. Die Gefährten beobachteten dieses ungewohnte Verhalten des Gesandten (sas) mit Aufmerksamkeit und versuchten seinen Seelenzustand zu ergründen.

Eine Weile später richtete er seine Augen in die Ferne, wartete, als hätte er einen Blick in die ferne Zukunft gemacht, und sagte schließlich: ***„Frieden sei auf meinen Geschwis-***

---

[22] Abū Dāwūd, 2338; Ibn Sunnī: *ʿamalu-l Yaum wa-l Layla*, 593

[23] Die andere Frau war unsere Mutter Ummu Ayman. Für mehr Informationen über sie siehe: Yıldırım, Muhammed Emin; *Hz. Peygamber'in (sas) Albümü*, S. 90, 91.

[24] Aḥmad b. Ḥanbal: *Musnad,* 3/212

tern! Wie gerne würde ich sie sehen wollen.“

Die dort anwesenden Gefährten schauten sich nach diesen Worten des Gesandten einander an und sagten: *„Oh Gesandter Allāhs! Sind wir denn nicht deine Geschwister?“* Es hatte die Gefährten verwirrt, dass der der Gesandte Allāhs (sas) in die Ferne blickte und diese Worte sagte. Sie betrachteten sich selbst als die Geschwister des Gesandten. Unser Prophet sagte zu ihnen: **„Ihr seid meine Gefährten. Meine Geschwister sind diejenigen, die ohne mich je gesehen zu haben an mich glauben, ohne mich gehört zu haben, meinem Ruf folgen und ohne mit mir zur selben Zeit am selben Ort gewesen zu sein, mir folgen. Ich werde an jenem gewaltigen Tag am Fuße des Trinkbeckens auf sie warten.“**

Das war eine großartige Botschaft; daraufhin fragte einer der Gefährten: *„Oh Gesandter Allāhs! Wie wirst du sie erkennen, obwohl du sie noch nie gesehen hast?“* Die Gefährten fragten sich nämlich, wie der Gesandte Allāhs seine Umma erkennen würde. Schließlich würde diese stetig weiterwachsen und unser Prophet würde die meisten (Anhänger der Umma) nicht zu sehen bekommen. In jenem gewaltigen Moment, wo jeder sich selbst der Nächste sein und sagen würde „Nafsī, Nafsī!“ (Ich, wehe mir!), würde der Gesandte Allāhs auf seine Geschwister seiner Umma am Fuße des Trinkbeckens warten, sie erkennen und ihnen eigenhändig Wasser anbieten. Auf die Frage des Gefährten, gab der Gesandte Allāhs folgende Antwort: **„Wenn jemand Pferde mit weißen Flecken an der Stirn und schimmernden Füßen hätte, würde er seine eigenen Pferde, wenn sie in einer großen Pferdeherde wären, etwa nicht wiedererkennen?“**

Die Gefährten sagten alle: *„Sicher, das würde er.“* Daraufhin sagte unser Prophet (sas): ***„Eben so werde ich auch***

***diejenigen aus meiner Umma an den Spuren der rituellen Gebetswaschung* (Wuḍūʾ) *erkennen, die sie für das Gebet vornehmen.*"**[25]

Unser Prophet gibt jenen, die an ihn glauben ohne ihn je gesehen zu haben, eben solch eine frohe Botschaft. Er zeigt, mit welch einer Liebe er seine Geschwister liebt. Wenn schon unser Prophet (sas) seine Geschwister auf diese Art liebt, ihnen solch eine frohe Botschaft gibt; ist es dann nicht die größte Aufgabe angesichts seiner großen Loyalität, ihm gegenüber loyal zu sein? Ist es nicht die größte Treulosigkeit, diese Liebe unerwidert zu lassen? Ein Muslim muss schon, allein um nicht diesen Vertrauensbruch zu begehen, seinen Propheten, dem er so vieles verdankt, so lieben, wie es ihm gebührt.

- ***Die Liebe zu unserem Propheten (sas) ist ein wichtiges Mittel, unseren Herrn, der ihn uns als eine Gabe gewährte, im wahren Sinne zu danken***

Die Gaben, die Allāh dem Menschen gewährte, sind unzählig. Wenn der Mensch ein wenig sein Gedächtnis anstrengt, kann er Tausende von Gaben aufzählen. Zum Schluss wird er unfähig sein, all die Gnadengaben aufzuzählen gemäß dem göttlichen Wort: ***„wenn ihr Allahs Wohltaten aufzählen wolltet, würdet ihr sie nicht vollständig erfassen können.“***[26]

Dennoch können viele Sachen ins Gedächtnis kommen, wenn die Gaben aufgezählt werden, es wird jedoch oft vergessen, dass auch der Qurʾān, der Īmān, der Islām, die Engel, das Paradies und sogar die Hölle Gaben sind.

Da wir hier zusammenhängend mit unserem Thema nur

---

[25] Muslim: *Ṭahāra*, 39; Nasāi: *Ṭahāra*, 110; Ibn Māǧa: *Zuhd,* 36

[26] Sūra Ibrāhīm 14:34

über den Propheten als Gabe eingehen werden, werden wir uns hinsichtlich der zahlreichen anderen Gaben Allāhs an uns nicht nicht weiter vertiefen. Unser Herr bringt folgendermaßen zum Ausdruck, dass der Gesandte, den Er als eine Barmherzigkeit an die gesamte Menschheit geschickt hat, eine gewaltige Gabe ist:

„Wahrlich, huldreich war Allāh gegen die Gläubigen, da Er unter ihnen einen Gesandten aus ihrer Mitte erweckte, um ihnen Seine Verse zu verlesen und sie zu reinigen und das Buch und die Weisheit zu lehren; denn siehe, sie hatten sich zuvor in einem offenkundigen Irrtum befunden.“[27]

So, wie es auch im Vers erwähnt wird, war die Sendung des letzten Gesandten eine große Gabe gegenüber den Gläubigen. Sie war sogar die größte aller Gaben. Für jede Gabe, die man erhält, muss man seinen Dank entsprechend der Gabe zeigen. Der Dank für die Gabe des Vermögens ist, dass man es auf dem Wege Allāhs ausgibt und davon spendet. Der Dank für die Gabe eines Körpers ist es, ihn auf dem Wege Allāhs anzustrengen. Der Dank für die Gabe der Kinder ist es, sie so zu erziehen, dass Allāh zufrieden mit ihnen ist. Gut, aber wie zeigen wir unseren Dank für so eine gewaltige Gabe, wie unseren Propheten (sas)? Sicherlich äußert sich der Dank für so eine Gabe wie ihm, indem man ihn so liebt, wie er es verdient, und den Erfordernissen dieser Liebe gerecht wird. Und genau aus diesem Grund sagen wir: Die Liebe zu unserem Propheten (sas) ist ein wichtiges Mittel, unseren Herrn, der ihn uns als eine Gabe gewährte, im wahren Sinne zu danken.

---

[27] Sūra ʿĀli ʿimrān 3:164

- ***Die Liebe zu unserem Propheten ist der wichtigste Weg, um mit ihm im Diesseits als auch im Jenseits (Paradies) zusammen zu sein***

Der Ḥadīṯ, der die Gefährten am meisten begeisterte, war ohne Zweifel dieser: **„Der Mensch ist mit dem zusammen, den er liebt.“**[28]Dieser Ḥadīṯ gibt uns eine sehr wichtige Information zum Ausgang der Liebe. Er gibt bekannt, dass die Liebe Errettung ist und dass derjenige, der tatsächlich liebt, mit dem, den er liebt, sowohl im Diesseits als auch im Jenseits zusammen sein wird. Es war eine Erklärung mit der prophetischen Zunge, wozu die Liebe alles im Stande ist.

Diese prophetische Botschaft wurde, soweit wir aus unseren Ḥadīṯbüchern gelernt haben, nicht nur einmal, sondern mehrere Male seitens des Propheten zum Ausdruck gebracht nach verschiedenen Vorkommnissen. Eine dieser Vorkommnisse schildert uns Anas b. Mālik (r.a.). Er sagt: ***„Vergiss doch, wann der Tag des Jüngsten Gerichts ausbrechen wird, sag mir lieber, was du dafür vorbereitet hast.“*** Der Mann antwortet: *„Außer der Liebe, die ich zu Allāh und Seinen Gesandten empfinde, habe ich nichts vorbereitet.“* Daraufhin sagte unser Prophet (sas): ***„Du wirst ohne Zweifel mit denen sein, die du liebst.“***

Anas b. Mālik, der uns genau 2286 Hadite von unserem Propheten überlieferte,[29] machte dann später bzgl. dieses Ḥadīṯes folgendes Eingeständnis: *„Es gab nichts worüber wir uns mehr gefreut hätten, als über die Worte* ***„Du wirst ohne Zweifel mit denen sein, die du liebst.“****, die wir von unserem Propheten hörten. Denn diese Worte waren geradezu ein*

[28] Buḫārī: *Adab*, 96; Muslim: *Birr,* 165

[29] Yıldırım, Muhammed Emin: *Sahabeyi Nasıl Anlamalıyız?*, S. 136

Hochzeitsfest für uns. Jedes Mal, wenn wir diese Worte wiederholten, sagte wir noch: „Wir lieben den Propheten, Abū Bakr und ʿUmar sehr. Auch wenn unsere Taten nicht so viel wie ihre waren, erhoffen wir uns durch die Liebe zu ihnen im Jenseits mit ihnen zusammen zu sein.“[30]

Diese Worte Anas. b. Māliks (r.a.), der 10 Jahre ununterbrochen unter dem Dienste unseres Propheten stand, enthalten sehr wichtige Informationen für uns. Diese gesegnete Generation hatte sehr gut verstanden, wohin man mit Liebe überall gelangen konnte. Hieraus verstehen wir, dass, abgesehen vom Nutzen der Liebe zu unserem Propheten im Diesseits, sie der wichtigste Faktor ist, um im Paradies sein Nachbar zu sein. Was würde der Mensch nicht alles opfern, um sein Nachbar im Paradies zu werden, oder?

Hierüber lässt sich noch vieles sagen; aber wir begnügen uns mit dem Gesagten und möchten auf einige Punkte hinweisen in Bezug darauf, wie die Liebe sein sollte.

---

[30] Buḫārī: *Faḍāil Aṣḥāb an-Nabiyy*, 11

Wie sollen wir unseren Propheten (sas) lieben?

Die Frage „wie?“ muss notwendigerweise gestellt werden, damit wir die Methode dieser Sache verstehen. Die richtigen Antworten auf diese Frage werden es gewährleisten, dass die Liebe zu unseren Propheten (sas) viel gesünder und nützlicher sein wird. Wenn der Grund für das Fehlen dieser Liebe, das Fehlen dieser Methode oder Mängel in diesem Punkt sind, dann muss man diese Methode zunächst einmal definieren. So bitte, lasst uns versuchen unter der Frage: *„Wie sollen wir unseren Propheten lieben?“* die Grundsäulen zu dieser Methode in diesem Bereich zu verstehen. Da wir die Antworten auf die Frage: *„Warum wir unseren Propheten lieben müssen“* auf sieben Punkte begrenzt haben, werden wir auch die Antworten auf die Frage: *„Wie sollen wir unseren Propheten lieben?“* auf sieben Punkte begrenzen.

- ***Es ist möglich unseren Propheten (sas) zu lieben, indem man ihn mehr als jeden anderen Menschen liebt***

Da dieser Grundsatz sehr wichtig ist, haben wir ihn an die vorderste Stelle platziert. Es reicht nicht aus, unseren Propheten (sas) einfach nur zu lieben. Man muss ihn nach Allāh (swt.) mehr als alles andere lieben; wenn der Ausdruck gestattet ist: er muss konkurrenzlos sein. Diese Feststellung machen wir nicht aufgrund von Begeisterung und Emotionalität; vielmehr ist es unser Herr, der uns das beigebracht hat; derjenige, den wir lieben müssen, ist unser Prophet.

Der Qur'ān macht bzgl. der Dimension, in der wir unseren Propheten lieben müssen, einige Erklärungen. Einer dieser Verse ist der 6. Vers der Sūra al-Aḥzāb. In diesem Vers sagt unser Herr folgendes: ***„Der Prophet steht den Gläubigen näher als sie sich selber, und seine Frauen sind ihre Mütter...“***[31]

Diese offenkundige Erklärung des Qur'ān gibt uns einen klaren Aufschluss darüber, in welcher Dimension die Liebe zwischen dem Propheten und dem Gläubigen sein muss. Kommen wir zu den Erklärungen unseres Propheten (sas). Unser Prophet gibt wie so oft, auch bei diesem Thema Erklärungen ab, die Ausdrücke im Qur'ān erläutern. Er sagt: ***„Keiner von euch hat den wahren Īmān erreicht, solange er mich nicht mehr liebt als seinen Vater, seine Kinder und als die Menschen insgesamt.“***[32]

Genau aus diesen Vers und Ḥadīṯ verstehen wir, dass die einfache Liebe zu unseren Propheten (sas) nicht ausreicht, sondern vielmehr muss diese Liebe vor jeder, aber auch wirk-

[31] Sūra al-Aḥzāb 33:6

[32] Buḫārī: *Īmān*, 2; Muslim: *Īmān*, 69; Nasāi: *Īmān*, 114.

lich vor jeder, anderen Sache kommen.

- ***Es ist möglich unseren Propheten (sas) zu lieben, indem wir ihn zu jeder Zeit und in jedem Lebensbereich zum unumstrittenen Vorbild nehmen***

Der zweite Grundsatz zu der Frage, wie die tatsächliche Liebe sein soll, ist dieser. Der Liebende ist auf dem Weg des Geliebten; der Liebende ist so, wie der Geliebte es möchte; der Liebende macht Sachen, die den Geliebten gefallen; der Liebende unterlässt Sachen, die den Geliebten missfallen... Folglich ist die Behauptung zu lieben und gleichzeitig Sachen zu machen, die der Geliebte nicht akzeptiert, eine Liebe, die bloß daher gesagt ist. Als uns unser Herr seinen Gesandten beschrieb sagte Er, als würde Er uns lehren, wie die Beziehung zwischen Ihm (Seinen Gesandten) und uns sein müsste: ***„Wahrlich, ihr habt an dem Gesandten Allahs ein schönes Vorbild für jeden, der auf Allah und den Letzten Tag hofft und Allahs häufig gedenkt.“***[33]

Dem Ausdruck أُسْوَةٌ حَسَنَةٌ im Vers, wurden Bedeutungen wie *„schönes Vorbild, vollkommenes Beispiel, ideale Haltung, Vorbild, vorzügliches Vorbild“* und eine Reihe vieler weiterer Bedeutungen gegeben. Aber wir geben diesem qur'ānischen Ausdruck folgende Bedeutung: *„Ihn (den Propheten) zum unumstrittenen Vorbild zu jeder Zeit und in jedem Lebensbereich zu nehmen.“* Die Botschaft solch einer Deutung ist folgende: Die Vorbildfunktion unseres Propheten (sas) ist nicht auf irgendeine Zeit oder an irgendeinen Ort begrenzt. Welchen Lebensbereich es auch betreffen mag und in welchen Lebensabschnitt wir uns auch befinden mögen: unser Prophet (sas) ist zu jeder Zeit und in jedem Bereich des Lebens der

---

[33] Sūra al-Aḥzāb 33:21

absolute Wortführer. Derjenige, der behauptet, ihn zu lieben, beweist es, indem er zeigt, wie viel Platz er den Propheten in seinem Leben als Vorbild einräumt. Wahre Liebe ist nur durch das bedingungslose Folgen dieses Vorbildes möglich.

- ***Es ist möglich unseren Propheten (sas) zu lieben, indem man seinen Aufforderungen Folge leistet***

Unser Prophet hat das Recht Befehle zu erteilen und Urteile abzugeben (Šāri'). Er hat die Befehle (Aḥkām) Allāhs weitergeleitet (Tablīġ) und erklärt (Tabyīn) und manchmal auch selber Befehle erteilt, im Rahmen dessen, was Allāh (swt.) ihm erlaubt hat. Es liegt an den Gläubigen diesen Befehlen Folge zu leisten, ohne Widerspruch einzulegen, nach Ausreden zu suchen und darüber zu zweifeln. Solch ein Folgen ist auch das wichtigste Erfordernis der wahren Liebe. Zu diesem Punkt sagt unser Herr folgendes: ***„Und es ziemt sich nicht für einen gläubigen Mann oder eine gläubige Frau, daß sie - wenn Allāh und Sein Gesandter eine Angelegenheit beschlossen haben - eine andere Wahl in ihrer Angelegenheit treffen. Und der, der Allāh und Seinem Gesandten nicht gehorcht, geht wahrlich in offenkundiger Weise irre. “***[34]

Und in der Sūra an-Nūr sagt unser Herr folgendes: ***„Doch die Rede der Gläubigen, wenn sie zu Allāh und Seinem Gesandten gerufen werden, damit Er zwischen ihnen richten möge, ist nichts anderes als: „Wir hören und wir gehorchen.“ Und sie sind es, die Erfolg haben werden.“***[35]

Diese offenen Botschaften unseres Herrn bringt unser Prophet (sas) folgendermaßen zum Ausdruck: ***„Derjenige,***

[34] Sūra al-Aḥzāb 33:36

[35] Sūra an-Nūr 24:51

der meinen Worten nicht folgt, ohne seine eigenen Begierden und seine ganzen Gelüste unterzuordnen, hat nicht den wahren Īmān erlangt.[36]

Aus den göttlichen und prophetischen Erklärungen verstehen wir, dass es nur möglich ist, unseren Propheten (sas) im wahrsten Sinne des Wortes zu lieben, indem wir seinen Befehlen voll und ganz folgen.

- ***Es ist möglich unseren Propheten nicht nur mit dem Verstand, sondern sowohl mit dem Verstand als auch mit dem Herzen und insbesondere mit dem Herzen zu lieben***

Die Liebe ist keine Sache des Verstandes, sondern eine Angelegenheit des Herzens. Jede Liebe ist so, denn das Zentrum der Liebe ist nicht der Verstand, sondern das Herz. Leider vergessen wir als Muslime der modernen Welt diese Tatsache - absichtlich oder unbeabsichtigt. Während wir alles Mögliche mit dem Herzen lieben, werden wir wenn es um Allāh (swt.) und Seinen Gesandten (sas) geht, plötzlich zu Rationalisten und überlassen diese Angelegenheit dem Verstand. Aber es gibt eine Tatsache, die wir nicht vergessen dürfen, und diese ist, dass die Liebe nicht nur eine Angelegenheit des Verstandes ist, sondern auch des Herzens. Der Mensch versteht, lernt und begreift mit dem Verstand, aber mit dem Herzen liebt er. Diese Tatsache brachte einer, der den Propheten liebte, der Dichter und Philosoph Muhammed Ikbal, folgendermaßen zum Ausdruck:

Mache den Verstand nicht zum Führer,
Er ist voll von Fallen,

[36] Al-Bayhaqī: *al-Madḫal ilā Kitāb as-Sunan*, 188; Daylamī: *Firdawsu-l Aḫbār*, 7791

Komm zur Liebe,
Deren Absicht mit Makellosigkeit und Unbeirrtheit überschwappt,
Willst du etwa den Weg der Liebe,
Unter der Führung des Verstandes einschlagen?
Willst du zur Suche der Sonne,
etwa unter dem faden Licht einer zitternden Kerze los schreiten?[37]

Daher sagt unser Herr in Form eines Hinweises, wie die Beziehung zwischen unserem Propheten (sas) und den Gläubigen aufgebaut werden muss: ***„Doch nein, bei deinem Herrn; sie sind nicht eher Gläubige, bis sie dich zum Richter über alles machen, was zwischen ihnen strittig ist, und dann in ihren Herzen keine Bedenken gegen deine Entscheidung finden und sich voller Ergebung fügen.“***[38]

Bei dieser göttlichen Bekanntgabe, unterstreicht unser Herr folgende Tatsache: Um den Menschen Worte lehren zu können, die bei ihm durchkommen (vor allem gegenüber egoistischen Wünschen), muss Liebe und Zuneigung vorhanden sein. Andernfalls ist es unmöglich, dass er sowohl seinen Verstand als auch sein Herz ganz und gar überzeugt. Der Mensch kann Worte durch seine Zunge durchdringen und sie aussprechen lassen, aber es kann sie nicht in sein Herz durchdringen lassen. Das geht lediglich durch Liebe. Daher sagen wir, dass es möglich ist, unseren Propheten nicht nur mit dem Verstand, sondern sowohl mit dem Verstand, als auch mit dem Herzen und insbesondere mit dem Herzen zu lieben.

- ***Es ist möglich unseren Propheten (sas) zu lieben,***

---

[37] K.G. Saiyidain: *İkbal'in Eğıtım Felsefesi*, S. 85

[38] Sūra an-Nisā 4:65

indem man seinen Schritten nicht vorher eilt und indem man seine Stimme nicht über seine Stimme erhebt

Im Qur'ān heißt es in der Sūra al-Ḥuǧurāt, die auf der einen Seite eine Sūra der Charaktereigenschaften (Aḫlāq) ist und auf der anderen Seite eine Sūra des prophetischen Rechts, weil es die fundamentalsten Grundsäulen definiert, was die göttlichen Maßstäbe beim Aufbau der Beziehung zwischen dem Propheten und dem Menschen sind: ***„O ihr, die ihr glaubt, kommt nicht Allah und Seinem Gesandten zuvor, und fürchtet Allah. Wahrlich, Allah ist Allhörend, Allwissend. O ihr, die ihr glaubt, erhebt nicht eure Stimmen über die Stimme des Propheten und redet nicht so laut zu ihm, wie ihr zueinander redet, so dass eure Werke nicht eitel werden, ohne dass ihr es merkt. Wahrlich, diejenigen, die ihre Stimmen dämpfen in der Gegenwart des Gesandten Allahs, sind es, deren Herzen Allah zur Gottesfurcht geläutert hat. Für sie ist Vergebung und ein gewaltiger Lohn (bereitet).“***[39]

Die Botschaft der Verse an die Welt der glücklichen Gefährtengeneration, die gemeinsam mit unserem Propheten (sas) lebte, ist klar. Insbesondere wird es klar, wenn wir uns den Offenbarungsgrund (Sabab an-Nuzūl) dieser Verse anschauen, oder darauf zurückgreifen, wie sich diese Verse bei den ersten Ansprechpartnern niederschlugen.[40]

Was die Botschaft, die sie für unsere Welt zu sagen hat, betrifft, also dem Propheten nicht zuvorzukommen, seine Stimme nicht über die seiner zu erheben, mit ihm nicht so zu

---

[39] Sūra al-Ḥuǧurāt 49:1-3

[40] Buḫārī: *Tafsīr*, 4; Tirmiḏī, 3266; Nasāī: *Qaḍā*, 6; Wāḥidī: *Asbāb an-Nuzūl*, S. 273; Çetiner, Bedrettin: *Fatiha'dan Nasa Esbab.ı Nüzul*, Bd. II, S. 817-820

reden, wie wir untereinander reden, so hat es etwas mit der Haltung zu tun, die wir gegenüber seiner Sunna einnehmen. Sein gesegneter Körper ist nicht mehr unter uns, aber sein Erbe, seine Mission und die Werte, die er uns hinterlassen hat, leben weiter. Seinen Schritten nicht vorauszueilen und seine Stimme über der seiner nicht zu erheben, bedeutet, dass man nicht seine persönlichen Interpretationen in diese Sache einbringt, und, dass man nicht das prophetische Erbe auf die leichte Schulter nimmt, indem man sagt: „Das kann man aber auch so oder so verstehen." Daher ist es nur möglich unseren Propheten (sas) im wahrsten Sinne des Wortes zu lieben, indem man für das Erbe, also für die unveränderlichen Werte Qur'ān und Sunna, eintritt, die er der Menschheit hinterlassen hat, und, indem man sie nicht missbraucht, sondern sie produktiv umsetzt und somit nach den Gegebenheiten und Bedingungen der jetzigen Zeit an die Menschen weiterleitet. Hat dies unser Prophet (sas) nicht schon ohnehin folgendermaßen zum Ausdruck gebracht?

„Ich hinterlasse euch zwei Sachen. Wenn ihr an ihnen festhaltet, werdet ihr niemals in die Irre gehen. Das Erste ist das Buch Allāhs und das Zweite ist meine Sunna. "[41]

Seinen Schritten nicht vorauszueilen und seine Stimme über der seiner nicht zu erheben bedeutet, eben diesen beiden großen Hinterlassenschaften (Qur'ān und Sunna) zu folgen.

- ***Es ist möglich unseren Propheten (sas) zu lieben, indem man eine lebendige Beziehung zu ihm aufbaut, ohne ihn (den Propheten) einfach nur zu einer schönen Erinnerung verkommen zu lassen***

[41] Imām Mālik: *Muwaṭṭà*, Qadar, 3

Ist es möglich, eine lebendige Beziehung zu unseren Propheten aufzubauen, der im 6. Jh. n.Chr. lebte und der, wie jedes Geschöpf, den Tod schmeckte? Sicherlich ist dies möglich. Denn unser wertvolles Buch, der Qur᾽ān sagt:

وَاعْلَمُوا أَنَّ فِيكُمْ رَسُولَ اللّٰهِ

„Und wisset, dass der Gesandte Allahs unter euch ist.“[42]

Die Bedeutung dieses Verses war für die Gefährtengeneration klar. Was die Bedeutung für uns jetzt betrifft, so ist die Tatsache, auf den der Qur᾽ān hinweisen möchte, dass das Erbe unseres Propheten (sas) bewahrt wird. Gewiss, der gesegnete Körper unseres Propheten ist nicht unter uns; doch sein Erbe, seine Botschaften und die Tatsachen, die er uns hinterlassen hat, befinden sich quicklebendig unter uns. Es gab zu jener Zeit welche, die seinen Botschaften gegenüber die Ohren verschlossen, obwohl sie mit dem Propheten zur selben Zeit und am selben Ort lebten, und einfach so taten, als gäbe es ihn nicht. Und heute gibt es sicher auch welche, die so tun, als würde er unter ihnen sein, obwohl sie nicht dieselbe Zeitspanne und denselben Ort mit ihm teilen. Denn unser Prophet ist für den Gläubigen keinesfalls jemand, der irgendwann in der Geschichte lebte und starb, der bloß zu einer schönen Erinnerung geworden ist, der außerhalb des Lebens gestellt wurde, indem man ihm zu einer fabelhaften Persönlichkeit verkommen ließ; so darf er für den Gläubigen nicht sein. Er ist als Überbringer der universellen Botschaften jemand, der durch sein prophetisches Erbe lebendig ist und der möchte, dass man eine lebendige Beziehung zu ihm aufbaut. Es gab auch zu jener Zeit Pechvögel, die, obwohl sie mit ihm zur selben Zeit am selben Ort lebten, ihn nur durch seinen Na-

[42] Sūra al-Ḥuǧurāt 49:7

men und seine Stellung bei den Menschen kannten und von ihm nicht profitieren konnten. Aber dafür gibt es heute auch welche, die obwohl sie mit unserem Propheten (sas) nicht zur selben Zeit und am selben Ort gelebt haben, ihn so kennen, wie es ihm gebührt, seine Botschaft so verstehen, wie es sein sollte, das Erforderliche so begreifen, wie es sein sollte, und zusammen mit dem Propheten leben, ohne auf die Zeit- und Ortunterschiede zu schauen; diesen wird die Ehre zuteil *„ein Ṣaḥāba zu werden, ohne den Propheten gesehen zu haben."*[43] Und es ist lediglich dadurch möglich, solch einer Ehre zuteil zu werden, indem man eine lebendige Beziehung zu dem Propheten (sas) aufbaut, ohne ihn zu einer schönen Erinnerung verkommen zu lassen.

- ***Es ist möglich unseren Propheten (sas) zu lieben, indem man ihn in allen Dingen zufriedenstellt***

Unser Herr befiehlt in einem Vers, der von vielen gekannt wird, doch oftmals falsch verstanden wird, folgendes, um die Beziehung zwischen Seinem letzten Gesandten, den Er als eine Barmherzigkeit an die gesamte Menschheit entsandte, und den Gläubigen zu verdeutlichen:

„Wahrlich, Allah sendet Segnungen auf den Propheten, und Seine Engel bitten darum für ihn. O ihr, die ihr glaubt, bittet (auch) ihr für ihn und wünscht ihm Frieden in aller Ehrerbietung."[44]

Der Begriff *Segnungen*, der im Vers vorkommt, wurde

---

[43] Der Ausdruck *„ein Ṣaḥāba zu werden, ohne den Propheten gesehen zu haben"* wurde in der islamischen Geschichte das erste Mal für einen der großen Imamen der Nachfolgegeneration der Tabi'īn (atbā' at-Tabi'īn) 'Abdullāh b. Mubārak verwendet. Solch ein Ausdruck ist der größte Hinweis darauf, dass es möglich ist, die Perspektive eines Gefährten noch einmal zu erreichen.

[44] Sūra al-Aḥzāb 33:56

leider immer nur auf eine einzige Bedeutung eingeschränkt und er wurde nur mit dem bloßen Aussprechen von Segnungen in der Praxis ausgeübt. Es wurde so verstanden, als ob das einzige, was unser Herr von uns in diesem Vers verlangt, ist, bei der Erwähnung des Namens unseres Propheten (sas) die ihm gebührende Segnung (*Ṣalawāt*) und Ehrerbietung auszusprechen. Das ist nicht richtig; Der Begriff *Segnungen*, der im Vers vorkommt, enthält eine noch umfassendere Bedeutung. Folglich darf die Botschaft, die dieser Vers enthält, nicht nur auf das „bloße" Aussprechen von Segnungen reduziert werden; vielmehr muss es als die Segenssprechung (*Ṣalawāt*) der Zunge, des Verstandes, des Körpers, der Familie und der Gesellschaft verstanden werden. Ihr fragt euch wie?

Die Segenssprechung der Zunge: Dass, wenn der Name unseres Propheten (sas) erwähnt wird, er mit jedem erdenklichen Respekt und Anstand erwähnt wird und dass Ausdrücke verwendet werden, die seiner Würde entsprechen.

Die Segenssprechung des Verstandes: Dass man seinen Verstand ihm (den Propheten) zum Dienste stellt, indem man ein Geist in der Bescheidenheit der Gefährten erzieht, und dass man absolute Folgsamkeit zeigt, indem man der Zweifel und den Bedenken die Türen schließt.

Die Segenssprechung des Herzens: Dass man niemanden außer ihn zum Gast in seinem Herzen hat, dass man ihm als unbestreitbaren Sultan im Thron des Herzens hat und dass man im Herzen gegenüber seinem Erbe nicht das geringste Unbehagen trägt.

Die Segenssprechung des Körpers: Dass man das Leben, so wie er es gezeigt hat, lebt und dass man durch das Leben geht, indem man in jedem Lebensbereich und zu jedem

Zeitpunkt auf seine Vorbildfunktion zurückgreift.

Die Segenssprechung der Familie: Dass man ihm zu Hause zum Richter ernennt und dass man versucht, seine Familie lebendig zu halten, im Rahmen der Botschaften, die er der Welt hinterlassen hat.

Die Segenssprechung der Gesellschaft: Dass man sich für das Erbe unseres Propheten (sas) einsetzt, die Daʿwa seiner Entsendung unterstützt und dass man gemeinschaftlich versucht sein anvertrautes Gut und seine Hinterlassenschaft zu schützen und dass man das Erforderliche dafür in die Tat umsetzt.

Und eben das ist die Art der Segenssprechung (Ṣalawāt), die von uns verlangt wird; nur so eine Form der Segenssprechung wird unseren Propheten zufriedenstellen.

Und im Rahmen der Frage „*Wie sollen wir unseren Propheten (sas) lieben?*" können wir eben diese Sachen sagen. Kommen wir nun zur Liebe der Gefährtengeneration, die diese Grundsätze am besten verstand und mit ihrem Leben am besten bewiesen hat. Wie haben sie unseren Propheten geliebt? Welch eine Art von Liebe war ihre Liebe? So bitte, lasst uns gemeinsam lernen, wie der Prophet von den Helden der Liebe geliebt wurde.

II. Kapitel

Unseren Propheten(sas) So Wie Die Gefährten Zu Lieben

Unseren Propheten (sas) so wie die Gefährten zu lieben

Die Glücklichsten der Menschheitsfamilie sind ohne Zweifel nach den Propheten diejenigen, die ihre Gefährten waren. Sie waren in den Gesprächen der Propheten anwesend; sie haben die Herabsendung der Offenbarungen miterlebt und bezeugt und alles, was sie taten, wurde entweder direkt von Allāh (swt.) gelobt oder durch das Schweigen bestätigt; oder ihre falschen Verhaltensweisen wurden durch eine Mahnung korrigiert. In diesem Sinne sind sie mit Allāh zufrieden und Allāh ist auch mit ihnen zufrieden.[1]

Jeder gesendete Prophet hatte mehr oder weniger Gefährten. Aber in diesem Punkt ist der glücklichste Prophet ohne

---

[1] Sūra al-Bayyina 98:8

Zweifel der letzte Prophet, der als eine Barmherzigkeit an die Menschheit entsandt wurde. Nachdem unser Prophet (sas) mit seinen 40 Jahren die erste Offenbarung in der Höhle Ḥīra erhielt, machte er seine Ehefrau Ḫadīǧa zu seiner Gefährtin (Ṣaḥāba), nachdem er den ersten Schock überstanden hatte. Daraufhin folgte ʿAlī, der in jenen Tagen gerade mal 10 Jahre alt war, dann stieß Abū Bakr hinzu, der 38 Jahre alt war, und die Anzahl seiner Gefährten stieg und stieg, bis Hunderttausende ihm folgten. Unser Prophet (sas) hatte seine Schüler im prophetischen Tiegel, den er durch die qur'ānischen Offenbarungen baute, in der Art erzogen, dass sie für jeden Muslim, der nun seit mehr als 1400 Jahren auf dem Weg des Īmān laufen will, eine Inspirationsquelle sind und auch weiterhin bleiben werden. Denn die Gefährtengeneration ist der Spiegel unseres Islams. Der ideale Muslim lässt sich nur durch ihren Spiegel sehen. Diese gesegneten Gefährten sind stabile Berge, für jene die erschüttert werden, wegweisende Flüsse, für jene, die den Pfad verloren haben, und wegweisende Sterne für jene, die den Weg verloren haben. Deswegen sind auch sie Vorbilder, die unter der gesegneten Obhut des Propheten (sas) erzogen wurden, der das beste Beispiel ist (*Uswatun Ḥasana*), und die uns in jedem Lebensbereich und Lebensabschnitt den Weg zeigen, Wegweiser sind, die uns auf das Ziel weisen, Landwirte sind, die Hoffnungskörner säen, und Balsame sind für (unsere) Wunden und Schmerzen. Wir haben viele Sachen von ihnen gelernt und werden auch noch vieles weiterhin lernen. Sie erinnern uns sowohl an vieles, was wir brauchen, aber sie erinnern uns auch an Sachen, die wir brauchen, ohne dass wir uns dessen bewusst sind. Eines der wichtigsten Dinge, die sie uns gelehrt haben, ist, wie die Liebe gegenüber unseren Propheten (sas) sein muss. Diese Glücklichen, die zur selben Zeit und am selben Ort mit dem

Propheten lebten, haben so eine Haltung eingenommen in Bezug auf die Liebe, wo man offen eingestehen muss, dass es unmöglich ist, ihren Ansatz nachzuahmen und dass es sehr schwer ist ein vergleichbares Epos zu schreiben. Es liegt an den Gläubigen (*Mu'minūn*) diesen Punkt entgegenzulaufen, auch wenn sie das gleiche Ziel nicht erreichen können. Ist es sowieso nicht der eigentliche Zweck, mit diesem Schmerz zu laufen? Genau als Resultat dieses Schmerzes möchten wir lernen, wie die edlen Gefährten (*Aṣḥāb al-Kirām*) den Propheten (sas) geliebt haben, und wir möchten aus ihrer großen Welt Spuren in unsere kleine Welt tragen.

Dies ist auch ohne Zweifel keine leichte Angelegenheit. Es ist möglich bei so gut wie all diesen ausgezeichneten Persönlichkeiten, die die Rosen des prophetischen Gartens sind, die Spuren der Liebe in ihrem Leben wiederzufinden. Daher ist es für uns, die eine Sensibilität dafür haben, sie (die Gefährten) nicht zu verletzten, äußerst schwer, einen von ihnen zu wählen, und den anderen zu übergehen, einige von ihnen ins Blickfeld zu nehmen und andere außer Acht zu lassen. Es gibt noch eine schwierigere Seite bei dieser Sache, die wir hier andeuten müssen. Jedes vorbildliche Verhalten der ehrenwerten Gefährten wird uns unter der Verantwortung, der wir bewusst werden, aufschreien lassen *„Oh ihr Rechtschaffensten dieser Umma! Habt ihr denn nie an uns gedacht? Ist es euch denn nie in den Sinn gekommen?"* Ihr sagtet nicht: *„Wir haben so ein Leben gelebt, dass es unmöglich ist, dasselbe für die nach uns (Kommenden) zu erwarten"* und habt uns mit der Liebe, die in euren Herzen glühte, auch entfacht. D.h., dass wir bei dieser Sache zwei Schwierigkeiten gegenüberstehen: Es ist schwer zwischen, ihnen (den Gefährten) eine Wahl zu treffen; es ist auch schwer über sie zu erzählen, über sie zu schreiben und es ist erst recht schwer, in einer ehrenwerten Art und Weise zu leben, so wie sie es taten... Aber trotz all dieser Schwierigkeiten müssen wir diese wichtige Sache erzählen, sofern unsere Worte dazu reichen, unsere Herzen das aushalten und unser Verstand das begreift.

Nun gut, wie werden wir das verstehen? Die erste Schwierigkeit bzgl. der Wahl der Gefährten werden wir bewältigen, indem wir eine Gruppe von vorbildlichen Persönlichkeiten auswählen. Wir werden ein kurzes Bild übermitteln, in Bezug auf die Liebe der vier großen Kalifen, die der Augentrost dieser Umma sind, die sie gegenüber den Propheten (sas) hatten. Anschließend werden wir uns ein weiteres Bild in Bezug auf die Liebe anschauen, die innerhalb der Gefährten vorhanden war, und niemals vergessen, dass im Grunde alle Gefährten diese Liebe in sich trugen.

Was die zweite Schwierigkeit betrifft: darüber braucht man nichts mehr zu sagen. Sicherlich werden wir jene großen Schritte jener (Gefährten) lernen und versuchen uns anzustrengen, dieselben Schritte zu machen. Wir werden sagen *„Durch das bloße Gehen gelangt man nicht an sein Ziel, aber diejenigen die dorthin gelangen, sind jene, die gehen“* und werden nie vergessen, dass es keinen anderen Weg gibt, außer den Weg dieser gesegneten Persönlichkeiten. Sodann kommt! Lasst uns mit Abū Bakr (r.a.) beginnen und versuchen zu verstehen, auch wenn es nur kurz ist, wie die Gefährten den Propheten geliebt haben.

- ***Die Prophetenliebe des Wahrhaftigen (gemeint ist Abū Bakr)***

Abū Bakr ist der größte Stolz dieser Umma, der beste Freund unseres Propheten und die Person, die der Grund für die Rechtleitung unzähliger Gefährten war und der alle anderen bei der Verteidigung der Daʿwa einen Schritt hinter sich ließ. Wir sagen, dass er die rechte Hand des Propheten (sas) ist. Weswegen wir diesen Ausdruck verwenden, werden wir in den kommenden Seiten etwas näher erklären; es gibt auch einen Punkt auf den wir zuvor aufmerksam machen müssen und das ist, dass es nicht leicht ist, die Position zu erreichen, diese rechte Hand zu sein. Diese Ehre wird keinem Zweiten zuteil. Nicht jeder, der will, kann einfach so die rechte Hand des Propheten werden und selbst wenn er es einmal sein sollte, würde er es nicht schaffen, vom ersten Tag an bis zum letzten Geradlinigkeit und Beständigkeit zu zeigen, ohne ein schlechtes Bild diesbezüglich zu hinterlassen. Abū Bakr ist der tapferste der Tapferen; ein Gefährte, der durch seinen Īmān eben solch eine Stellung erreicht hat und bis zu seinem letzten Atemzug dieser Stellung gerecht wurde.

Es wird gesagt, dass die erste innige Beziehung Abū Bakrs (r.a.) zum Propheten (sas) am Tag des *Ḥilf al-Fuḍūl* Abkommens zu Stande kam; das sogenannte *Abkommen der Tugendhaften*, das mit folgendem Grundsatz begann: *„Wir werden immer gegen die Tyrannen sein, wer auch immer diese sein sollten, und immer an der Seite der Unterdrückten...“*[2] Dieses Abkommen kam im Haus des Cousins (ʿAbdullāh b. Ǧudʿān) von Abū Bakrs Vater zu Stande, der durch sein Alter und seine Freigiebigkeit bekannt war. An diesem Tag haben sich am Abkommen auch zwei Jugendliche mitbeteiligt. Einer dieser Jugendlichen war Muḥammad, der Neffe von Abdulmuṭṭalib, an jenen Tagen gerade mal 20 Jahre alt, und der andere war ʿAbdullāh, der Sohn von al-Quḥāfa, an jenem Tage noch 18 Jahre alt.[3]

---

[2] Ibn Saʿd: *Ṭabaqāt,* Bd. I, S. 104

[3] Auch wenn der ursprüngliche Name Abū Bakrs eine Streitfrage ist, wird nach der meist akzeptierten Sicht ʿAbdullāh als sein ursprüngli-

Die Beziehung zwischen ihnen sollte nie wieder abreißen und sich zu einer wahren Freundschaft entwickeln; es sollte ein mit 20 Jahren vor dem Prophetentum und mit 23 Jahren nach der Verkündigung des Prophetentums genau 43-jähriges Zusammensein zu Stande kommen. Das war auch keine leichte Angelegenheit. Vor allem für uns, die heutzutage tagtäglich ihre Freunde wechseln, als würden sie gerade ein Hemd wechseln, die in dieser Sache keine Sensibilität haben, gibt es sehr wichtige Botschaften aus ihrem langatmigen Zusammensein. Wir können sogar an diesem Punkt ein Lebensgrundsatz festhalten und versuchen diesen Grundsatz in unsere Welt zu tragen. Wenn jemand wissen möchte, welche Qualität ein Stoff hat bzw. - ändern wir die Frage etwas um, indem wir uns mit einbeziehen- welche Qualität unser Stoff hat, ist das einzige, was wir dafür tun müssen, auf unsere Freunde neben uns zu schauen. Welche Qualität kann man denn von jemand erwarten, der tagtäglich seine Freunde wechselt, als würde er Hemden wechseln, der die Personen, die zu ihm kommen, nach einer kurzen Zeit wieder wegschickt, so wie sie gekommen sind? Die Qualität eines Menschen lässt sich durch das Alter seiner Freunde ermitteln.

Wenn wir die tausenden von Taten unseres Propheten (sas), der den „qualitativsten Stoff" innerhalb der Menschheit besaß, beiseitelegen und uns nur die 43 jährige ununterbrochene Freundschaft mit Abū Bakr anschauen würden, wäre das ausreichend, um seinen Wert (gemeint ist der Prophet) zu begreifen. Sicher gilt das gleiche auch für Abū Bakr (r.a.). Welchen Wert „sein Stoff" hat, erkennt man in der Beständig-

---

cher Name angesehen. Sein Beiname ist Abū Bakr, was in etwa „Der Vater des Sprösslings" bedeutet. Für mehr Informationen siehe: Ibn Ḥağar: *al-Iṣāba*, Bd. II, S. 310; Ibn Aṯīr: *Usdu-l Ġāba*, Bd. III, S. 310.

keit seiner Freundschaft zum Propheten. Wie liebte Abū Bakr, der solch eine Freundschaft pflegte unseren Propheten (sas)? Wir begnügen uns damit nur einige der zahlreichen Porträts zu übermitteln.

ʿAlī (r.a.) überliefert. Er fragte der jungen Generation als er noch Kalif in Kūfa war, die die Heldenepen, die der Islams in seinen Anfängen schrieb, nicht miterlebten:

من أشجع الناس *„Sagt mir: Wer ist der mutigste aller Menschen?"* Die Muslime seiner Zeit, die er ansprach, sagten, da ihnen beim Wort Mut immer ʿAlī in den Sinn kam:

انت يا امير المؤمنين *„Du, Oh du Befehlshaber der Gläubigen!"*

Daraufhin sagte ʿAlī (r.a.): *„Nein, ich bin es nicht. Abū Bakr ist der mutigste aller Menschen."*

Als er die verwunderten Blicke sah, die sich fragten: „Warum Abū Bakr?", fing ʿAlī (r.a.) an zu erzählen: *„Wir beteten in den gerade mal ersten Tagen der Verkündung des Prophetentums vor der Kaʿba gemeinsam mit unseren Handvoll Geschwistern, die in jenen Tagen den Islam angenommen hatten. In dem Moment griffen uns und unseren Propheten die feindseligen Männer Mekkas an. Einige von ihnen schubsten ihn herum, andere zogen an seinem Gewand und manche stürzten sich wild geworden auf ihn los und schlugen auf ihn ein. Wir hingegen mussten uns wie versteinert all das mitansehen, ohne etwas dagegen machen zu können. Und siehe da! Vom Weiten sahen wir jemanden uns nähern, dessen Gewand im Wind flatterte, aber der durch seinen Gang Stolz in seine Umgebung streute. Wir fragten uns, wer das war. Es war niemand geringeres als Abū Bakr, der so tapfer wie ein Löwe auf uns zukam. Er kam rennend auf uns zu, stieß alle, die ihn dar-*

an hindern wollten, einzeln um und schrie diesen Satz heraus, der an den Wänden der Kaʿba widerhallte: ***„Wollt ihr ihn etwa töten, nur weil er sagt: „Allāh ist mein Herr?“*** [4]

Abū Bakr, der diese Worte mit seiner lautesten Stimme aufschrie, kam und schmiss sich auf den Propheten, der in dem Moment von den Mekkanern angegriffen wurde. Dann ließen diese feindseligen Männer vom Propheten (sas) ab, nahmen sich Abū Bakr zu ihrer Mitte und fingen an auf ihn einzuschlagen... Fäuste und Tritte wirbelten auf ihn ein.

ʿUqba b. Abī Muʿayṭ ließ seinem Ärger freien Lauf. Er brachte Abū Bakr zu Fall, setzte sich auf seine Brust und schlug mit dem Schuh, den er in seine Hand nahm, immer und immer wieder auf sein Gesicht ein. Abū Bakr, dessen Augen, Nase und Mund man übel zugerichtet hatte, konnte den Schmerz nicht weiter ertragen und fiel in dem Moment in Ohnmacht. Sein Stamm Banī Taym, der gleich von den Geschehnissen erfuhr, kam dorthin und befreite Abū Bakr von ihnen. Sie trugen Abū Bakr blutüberströmt und ohnmächtig nach Hause. Als Abū Bakrs Mutter Salmā bint Saḥr, die mit ihrem Beinamen Ummu-l Ḫayr bekannt war, ihren Sohn in diesem Zustand sah, schrie sie auf, wischte unter Tränen ihrem Sohn das Blut vom Körper und wartete, bis er von seiner Ohnmacht erwachte. Eine ganze Weile später öffnete Abū Bakr seine Augen und es schien als würde er allmählich wieder zu sich kommen. Das erste was er sagte, als er zu sich kam war:

مافُعل برسول الله؟

„Was ist mit dem Gesandten Allahs geschehen?“ [5]

---

[4] Buḫārī: *Manāqibu-l Anṣār*, 27

[5] Ibn Kaṯīr: *al-Bidāya wa-n Nihāya*, Bd. III. S. 271f.

Könnt ihr sagen, wer sonst es verdient, der mutigste aller Menschen zu sein, mit solch einem Mut, wenn nicht Abū Bakr?

Dieses Bild, das ʿAlī (r.a.) in den ersten Jahren nach der Verkündung der Prophetenschaft miterlebte und auch Jahre danach nicht vergessen konnte, ist ein Beispiel dafür, mit welch einer Liebe Abū Bakr (r.a.) den Propheten (sas) liebte. Seine Mutter, der in jenen Tagen die Süße des Īmāns nicht zuteilwurde, erzürnte sich ein wenig über ihren Sohn, der blutüberströmt von seiner Ohnmacht aufwachte und direkt nach dem Propheten fragte, und sagte zu ihm: *„Lasse Muḥammad gut sein, trink ein wenig, iss ein wenig und komme zu dir! Sonst wird sich dein Zustand nicht verbessern."* Abū Bakr sagte daraufhin: *„Bei Allāh! Meine Mutter, wenn ich keine Nachricht darüber erhalte, wie es Rasūlullāh ergeht, wenn ich nicht mit meinen eigenen Augen sehe, dass es ihm wohl ergeht, werde ich weder einen Schluck trinken noch einen Bissen essen."*

Wie sehr auch seine Mutter Ummu-l Ḫayr darauf bestand, konnte sie ihn nicht überreden. Daraufhin trug seine Mutter ihren verletzten Sohn mit der Hilfe von Ummu-l Ǧamīl[6] zu Dār al-Arqam, zum Propheten. Als der Prophet (sas) Abū Bakr in diesem Zustand vor sich sah, konnte er sich nicht zurückhalten und brach in Tränen aus. Als sich diese beiden wahrhaftigen Freunde trafen, sagte der Prophet zu Abū Bakr:

---

[6] Es wird auch gesagt, dass diese Frau Fāṭima bint Ḫaṭṭāb mit dem Beinamen Ummu-l Ǧamīl die Schwester von ʿUmar sei. Aber korrekter ist, dass sie Fāṭima bint al-Muǧallal ist, die zu den ersten Muslimen gehörte. Fāṭima bint al-Muǧallal war die Tochter von ʿAbdullāh b. Abū Qays und die Frau von Ḥāṭib b. Ḥāris. Für mehr Informationen siehe: Ibn Ḥaǧar: *al-Iṣāba*, Bd. IV, S. 2675; Ibn Aṯīr: *Usdu-l Ġāba*, Bd. VII, S. 298.

„Wieso bist du in diesem Zustand hierhergekommen?" Abū Bakr (r.a.) aber sagte: *„Oh Gesandter Allāhs! Vergiss mich, mache bitte ein Bittgebet für meine Mutter, die gerade hinter dieser Tür steht. Mache ein Bittgebet, sodass Allāh (swt.) sie rechtleitet."*

In dem Moment hob der Prophet (sas) seine Hände, um ein Bittgebet auszusprechen und noch bevor er seine Hände runter nahm, sprach Salmā das Glaubensbekenntnis aus. Die Liebe Abū Bakrs zum Propheten wurde auch zum Grund des Glaubensbekenntnisses seiner Mutter.[7]

Eines der schönsten Bilder über die Liebe Abū Bakrs zum Propheten sehen wir zweifelsohne während ihrer gemeinsamen Auswanderung (Ḥiǧra). Als Allāh (swt.) nach dem 13-jährigen zermürbenden Leben in Mekka die Stadt Yaṯrib den Gläubigen als eine Ruhestätte des Īmāns zugestand, erlaubte es der Prophet (sas) allen Muslimen auszuwandern. Nur eine Handvoll Gläubige blieb zurück. Abū Bakr (r.a.) war einer von ihnen. Wann immer er um Erlaubnis fragte, auswandern zu dürfen, sagte der Prophet: *„Warte Oh Abū Bakr. Allāh wird dir vielleicht etwas noch besseres zuteilwerden lassen."* Die Geduld der Zurückgebliebenen näherte sich dem Ende und die Menschen waren erschöpft durch das Warten. Während dieser Zeitspanne besuchte der Prophet (sas) immer nach dem Nachmittagsgebet Abū Bakr bei ihm zu Hause und an dem Tag besuchte er ihn schon zur Zeit des Mittagsgebets. Der Besuch des Propheten außerhalb der üblichen Zeit wühlte Abū Bakr auf und er brach in dem Moment in Tränen aus und brachte es gerade mal fertig folgendes zu sagen:

---

[7] Ibn Ḥaǧar: *al-Iṣāba*, Bd. IV, S. 2675; Ibn Aṯīr: *Usdu-l Ġāba*, Bd. VII, S. 298.

الصحبة يا رسول الله؟ *„Die gemeinsame Wegfreundschaft, Oh Gesandter Allāhs?“*

Der Prophet (sas) sagte: *„Ja, die gemeinsame Wegfreundschaft!“*

Daraufhin freute sich Abū Bakr noch mehr und konnte vor Freude seine Tränen nicht weiter zurückhalten. Unsere Mutter ʿĀiša (r.a.), die das sah, würde später sagen: *„Seit diesem Tag habe ich niemand anderen gesehen, der so aus Freude geweint hat.“*[8]

Worüber hatte sich Abū Bakr so gefreut, weswegen war er dermaßen in Tränen ausgebrochen? Was hieß es, die gemeinsame Wegfreundschaft während der Auswanderung mit dem Propheten (sas) anzutreten? Es hieß, erwischt zu werden, bevor man tot oder lebendig in Medīna ankommen würde. Es hieß Qualen zu erleiden, sterben zu müssen. Wie sehr kann sich ein Mensch schon auf eine Reise freuen, an deren Ende der Tod wartet? Wenn der Reisende denjenigen, der sich mit ihm auf die Reise begibt, über den Tod hinaus liebt und eine wahrhaftige Liebe ihm gegenüber pflegt, genau dann kann er sich dermaßen freuen. Denn die Liebe der Gefährten, die Liebe Abū Bakrs, der der vorzüglichste aller Gefährten ist, war eine Liebe, die über den Tod hinaus reichte. Und das, was Abū Bakr diese Freude bereitete, war nichts anderes, als die Möglichkeit zu haben, auf dem Weg desjenigen, den er liebte, sein Leben zu opfern.

Diese beiden erhabenen Freunde haben sich auf den Weg gemacht. Sie blieben in der Höhle Ṯawr drei Tage und drei Nächte. Das vorbildliche Benehmen Abū Bakrs, das er gegenüber den Propheten (sas) zu Tage brachte, ist unzählig.

---

[8] Ibn Hišām: *Sīra*, Bd. II, S. 93.

Als sie vom Berg herabstiegen und sich auf den Weg nach Medīna machten, trat Abū Bakr mal vor dem Propheten, mal hinter ihn, mal nach rechts, mal nach links, blieb nicht auf einer Stelle stehen und konnte es auch nicht: Er lief, indem er kreisförmige Spuren im Sand um den Propheten hinterließ. Der Prophet (sas) konnte sich keinen Reim daraus machen und fragte: *„Oh Abū Bakr. Warum läufst du nicht neben mir, sondern wendest dich herum, indem du kreisförmige Spuren hinterlässt? Was veranlasst dich auf diese Art und Weise zu laufen, wo doch dein Platz zu meiner Rechten ist?"*

Abū Bakr (r.a.) sagte: *„Oh Gesandter Allāhs! Ich überlege und denke mir: Was wenn jemand dich von vorne angreifen will, dann laufe ich vor dir, damit es nicht dich, sondern mich trifft... Dann denke ich mir, was wenn jemand dich von hinten angreift, dann laufe ich hinter dir. Was aber wenn jemand von rechts oder links angreift, dann laufe ich rechts oder links von dir. Ich laufe auf diese Art und Weise, damit dir bloß nichts passiert, sondern wenn schon, dann soll es mich treffen."*

Diese Worte berührten den Propheten (sas), seine Augen tränten und er sagte: ***„Liebst du mich sehr Abū Bakr?"*** Abū Bakr sagte: *„Ja Allāhs Gesandter! Ich liebe dich wirklich sehr. So sehr, dass ich für dich sterben würde, ohne mit der Wimper zu zucken."*

Diese Worte berührten den Propheten noch mehr und er sagte: *„Oh Abū Bakr! Kannst du jetzt an meiner Stelle sterben, kannst du den Tod ins Auge sehen?"* Abū Bakr sagte ohne den geringsten Zweifel: *„Ja, Allāhs Gesandter! Ich sterbe bereitwillig für dich."*

Der Prophet fragte, indem er an seine Familie und Verwandten erinnerte: ***„Warum würdest du für mich den Tod ins Auge blicken?"***

Daraufhin sagte Abū Bakr: *„Oh Gesandter Allāhs! Wenn*

ich sterben sollte, dann würde nur das Haus meines Vaters Abū Quḥāfa weinen. Aber wenn du sterben solltest, wenn dir etwas zustoßen sollte, dann wird diese Umma weinen, dann wird diese Religion weinen, dann wird die gesamte Schöpfung weinen. Nicht du solltest auf meinem Weg, ich sollte auf deinem Weg sterben."[9]

ʿUmar (r.a.), der uns diese Begebenheit überliefert, sollte später folgendes Eingeständnis machen: „*Ich schwöre bei Allāh dem Erhabenen, dass allein diese Nacht Abū Bakrs besser ist, als das gesamte Leben ʿUmars.*"[10]

Das ist eben die Liebe über den Tod hinaus... Das ist also die Liebe von Abū Bakr... Das ist also wahre Liebe...

Wenn es um die Liebe Abū Bakrs (r.a.) geht, dann lässt sich noch vieles sagen, doch wir möchten noch ein letztes Beispiel geben und dann die Abhandlung ihn betreffend beenden. Mekka wurde erobert. Das Rückgrat der Götzendiener wurde unwiderruflich gebrochen. An jenen Tagen war Abū Bakr schon fast 60, seine Augen konnten kaum noch sehen. Er hatte seinen Vater Abū Quḥāfa überzeugt, den Islam anzunehmen, und brachte ihn für das Aussprechen des Glaubensbekenntnisses zum Propheten (sas). Als der Prophet sah, wie der alte Vater Abū Bakrs kam, sagte er: ***„Oh Abū Bakr! Warum hast du deinen Vater dieser Mühe ausgesetzt, hättest du ihn doch nur nicht gebracht und wären wir lieber zu ihm gegangen."***

Abū Bakr entgegnete wieder mit einer Antwort, wie es ihm gebührt: *„Nein, Oh Gesandter Allāhs! Wenn jemand zu*

---

[9] ad- Dimašqī: *Subul al-Hudā*, Bd. III, S. 342; al-Bayhaqiyy: *Dalāil an-Nubuwwa*, 14/135

[10] Ibn Kaṯīr: *al-Bidāya wa an-Nihāya*, Bd. III, S. 180

jemanden geht, dann sollte dieser jemand natürlich wir sein und nicht du. Nicht du solltest zu meinem Vater kommen, sondern mein Vater sollte zu dir kommen.“ Nach diesen Worten sprach sein Vater, Abū Quḥāfa, das Glaubensbekenntnis aus und nahm den Islam an. Das Aussprechen des Glaubensbekenntnisses hatte den Propheten so sehr gefreut, dass er anfing vor Freude zu lächeln. Als sich der Prophet zu Abū Bakr wandte, um ihn zu gratulieren, indem er dachte, dass er sich auch so sehr freuen würde, nachdem er sich die letzten Jahre abgemüht hatte, damit sein Vater den Islam annimmt, blieb er fassungslos vor ihm stehen. Denn Abū Bakr hatte sich auf den Boden gehockt, seine Augen wurden feucht, in seinem Gesicht ein tiefer Ausdruck der Trauer. Er fing an schluchzend zu weinen. Als der Prophet seinen aufrichtigen Freund in diesem Zustand sah, war er fassungslos, packte Abū Bakr an den Armen, richtete ihn auf und fragte nach dem Grund der Tränen: ***„Oh Abū Bakr! Während du dich über das Glaubensbekenntnis deines Vaters freuen solltest und dich vor Freude bei deinem Herrn bedankten solltest, wieso jetzt das? Weshalb diese Trauer? Und wieso diese Tränen?“***

Was denkt ihr, weshalb Abū Bakr weinte? Was war es, das ihn auf diese Art und Weise zum Weinen brachte? Glaubt mir, selbst wenn wir 40 Jahre nachdenken sollten, würde es uns nicht einfallen, denn selbst der Prophet (sas) wusste den Grund der Tränen nicht... Da versuchte Abū Bakr auf der einen Seite seine Tränen zurückzuhalten und auf der anderen Seite sagte er folgendes: *„Oh Gesandter Allāhs! Seit Jahren schon bete ich meinen Herrn an, dass er meinen Vater rechtleiten solle. Ich war bereit alles zu opfern, damit er das Glaubensbekenntnis ausspricht. Ich weiß, dass du dieselben Gefühle zu deinen Onkel, Abū Ṭālib, pflegtest. Was soll ich* *aber machen, wenn mir das, was ich mir wünschte, zuteilwurde, doch du davon ausgenommen bist. Ich weine, weil das, was du dir die ganze Zeit gewünscht hast, nicht eintraf. Das Glaubensbekenntnis meines Vaters brachte mir das wieder in Erinnerung und deswegen weine ich."*

Daraufhin konnte auch der Prophet seine Tränen nicht weiter zurückhalten und fing an zu weinen.[11] Die Liebe, Freundschaft, Fürsorge Abū Bakrs... Das ist der Niederschlag des Grundsatzes *„Der Liebende liebt auch die Liebenden seiner Liebenden"* im Leben Abū Bakrs. Was es nicht alles noch gibt in seinem gesegneten Leben...Wir begnügen uns mit so viel erst einmal und gehen jetzt zur linken Hand des Propheten ʿUmar (r.a.) über.

- ***Die Liebe des al-Fārūq (ein Beiname ʿUmars) zum Propheten***

ʿUmar (r.a.) war die linke Hand des Propheten (sas). Er war sechs Jahre lang gegen den Ruf zum Islam. Sechs Jahre lang tat er alles menschenmögliche, um den Ruf zum Islam zum Schweigen zu bringen, folterte jene, die unter seiner Hand waren, und zu allerletzt machte er sich auf den Weg zum Propheten, um ihn zu töten. Selbst als ʿUmar (r.a.) solch eine Feindschaft ihm gegenüber pflegte, hatte der Prophet (sas) nie die Hoffnung aufgegeben, denn wer aufrichtig bei seiner Sache war, und wäre es sogar auf dem Weg des Unglaubens, der würde auch später auf dem Weg des Islam aufrichtig sein. Da sich der Prophet dieser Sache bewusst war, hatte er auch für ʿUmar und seinen Onkel Abū Ǧahl Bittgebete ausgesprochen, damit sie rechtgeleitet würden.[12]

---

[11] aṭ-Ṭabarānī: al-Maǧmuʿ al-Kabīr, 8323; Hayṯamī: *Maǧmuʿ az-Zawāid*, Bd. III, S. 174

[12] ***Oh Allāh! Stärke den Islam mit einem der beiden ʿUmar (ʿUmar b. al-***

Das Bittgebet des Propheten wurde beantwortet, ʿUmar erwachte zu neuem Leben, als er sich auf dem Weg machte, den Propheten zu töten. Ihm wurde der Īmān im Hause seiner Schwester Fāṭima zuteil und er machte sich auf dem Weg zum Dāru-l Arqam, um das Glaubensbekenntnis auszusprechen. Die Ankunft ʿUmars im Dāru-l Arqam hatte viele verwundert. Denn keiner glaubte daran, dass jemand, wie ʿUmar, der in jenen Tagen ein verbissener Feind des Islam war, irgendwann das Glaubensbekenntnis aussprechen würde. Aber unser Prophet wusste sehr wohl, dass ʿUmar noch kommen würde. Deswegen hatte er, obwohl er Abū Bakr in den ersten Tagen zu seiner rechten Hand machte, seine linke Hand immer frei gelassen, er sagte geradezu durch sein Handeln: *„Das ist der Platz ʿUmars."* Denn zu seiner Rechten stand Abū Bakr mit seiner schönen Eigenschaft. Zu seiner Linken brauchte er jemanden, dessen Persönlichkeit man Respekt entgegenbrachte. Und diese Eigenschaft würde in Mekka am ehesten auf ʿUmar zutreffen. Deswegen wurde ʿUmar diese Position zuteil, trotz dessen, dass er erst sechs Jahre später kam.

An dem Tag seiner Annahme des Islam, empfand er so eine Begeisterung und Aufregung, dass ihm der Prophet (sas) schon direkt am Anfang den Beinahmen *„al-Fārūq"* gab. Nun nannte ihn niemand mehr *ʿUmar b. al-Haṭṭāb*, sondern *ʿUmar al-Fārūq*.[13] Seit dem ersten Tag seines Übertritts zum Islam bis zum Tod des Propheten (sas), hatte er 17 Jahre ununterbrochen eine Haltung eingenommen, die seinem Īmān alle Ehre gebührt. Ihm wurden dadurch mehre Male der Lob

---

Ḫaṭṭāb und ʿAmr b. Hišām)" Siehe den Ḥadīṯ bei: Aḥmad b. Ḥanbal: *al-Musnad*, 2/95; Tirmiḏī, 3681; Ḥākim: *Mustadrak*, 3/83

[13] فَسَمَّىٰنِي رَسُولُ الله صَلَّى الله عَلَيْه و سَلَّمَ يَوْمَئذ اَلْفَارُوق *"An jenem Tag gab mir Allāhs Gesander (sas) den Beinamen al-Fārūq*." Siehe: Ibn Ḥağar: *al-Iṣāba*, Bd. II, S. 1308; Ibn Saʿd: *Ṭabaqāt*, Bd. III, S. 270f.

und das Bittgebet des Propheten zuteil.[14] Er wurde die rechte Hand Abū Bakrs (r.a.), der der erste Kalif nach dem Tod des Propheten (sas) wurde, und war innerhalb der zweieinhalb Jahre seine größte Stütze. Nach dem Tode Abū Bakrs (r.a.) verließ er diese Welt, indem er als der zweite Kalif des islamischen Staates große und tiefgreifende Spuren hinterließ. Das dreißigjährige Leben ʿUmars im Islam, war tatsächlich ein sehr wichtiger Abschnitt.[15]insbesondere hat er uns wichtige Erinnerungen im Laufe seines Lebens hinterlassen bzgl. unseres Themas der Liebe. Auch wenn wir es nur schaffen, zwei dieser Erinnerungen aufzuzeigen, gibt es eine Tatsache, die wir nicht vergessen dürfen; ʿUmar (r.a.) war genauso ein Held in dieser wahrhaftigen Liebe, so wie er auch ein Held in der Gerechtigkeit, des Stolzes, der Kraft, des Mutes, der Begabung, der Würde, der Erhabenheit, der Barmherzigkeit und vieler anderer Eigenschaften war. Einer der besten Beispiele für die Liebe ʿUmars zum Propheten (sas) überliefert uns einer der Gefährten, ʿAbdullāh b. Hišām.[16] Er überliefert uns folgendes Ereignis, als wäre es eine Antwort auf unsere Frage *„Wie kann man den Propheten im wahrsten Sinne des Wortes lieben?"*, indem er Augenzeuge wurde, was ʿUmar zustieß: „Eines Tages spazierte unser Prophet mit einigen seiner Gefährten in Medīna herum. Unter den Gefährten befand sich auch ʿUmar (r.a.). Als er neben dem Propheten lief, nahm er die Hand ʿUmars und sie liefen eine Weile Hand in Hand. Das hatte ʿUmar (r.a.) so sehr gefreut, dass er vor Begeisterung

[14] Um diese Ḥadīṯe einzusehen, kann man auf das Kapitel *Manāqib* in den Ḥadīṯbüchern zurückgreifen.

[15] Für mehr Informationen siehe: Ibn Ḥağar: *al-Iṣāba*, Bd. II, S. 1307; Ibn Aṯīr: *Usdu-l Ġāba*, Bd. IV, S. 127-168; Ibn ʿAbdilbarr; *al-Istīʿāb*, Bd. III, S. 235-244; aḏ-Ḏahabī: *Tağrīdu Asmāi-ṣ Ṣaḥāba*, Bd. I, S. 397.

[16] Für mehr Informationen über diesen Gefährten siehe: Ibn Ḥağar: *al-Iṣāba*, Bd. II, S. 1506; Ibn Aṯīr: *Usdu-l Ġāba*, Bd. III, S. 406; Ibn ʿAbdilbarr; *al-Istīʿāb*, Bd. III, S. 122

in Aufruhr geriet, und plötzlich in einem Ton, der uns kurz zusammenzucken lies, aufschrie: *„Oh Gesandter Allāhs! Ich liebe dich wirklich sehr.“* Der Prophet wandte sich dann zu ʿUmar und sagte: ***„Mehr als deine Mutter und deinen Vater?“***

„Ja, Gesandter Allāhs!“, sagte ʿUmar.

„Mehr als deine Kinder und deine Ehefrau?“, fragte der Prophet.

„Ja, Gesandter Allāhs!“, sagte ʿUmar.

„Mehr als dein Hab und Gut?“, fragte diesmal der Prophet.

„Ja, Gesandter Allāhs!“, sagte ʿUmar.

„Mehr als dich selbst und dein Leben?“, fragte der Prophet.

Falls wir die Antwort auf diese Frage nicht schon kennen sollten, dann ist das erste, was uns einfallen wird, wie bei den übrigen Fragen, auch die Antwort *„Ja, Gesandter Allāhs!“*. Wenn wir der Ansprechpartner solch einer Frage wären, hätten wir sofort mit *„Ja“* geantwortet, um uns schnell aus der Affäre zu ziehen. Aber es handelte sich hier um ʿUmar. Um es mit den Worten des Propheten zu sagen, handelte es sich um jemanden, über dessen Zunge sich die Zunge eines Engels befindet, ʿUmar ist nicht der sprechende, sondern er wird zum Sprechen gebracht.[17] Er würde uns die wahre Liebe lehren. Er würde uns zeigen, was es bedeutet *„Ja, Gesandter Allāhs!*

---

[17] ***„Über der Zunge ʿUmars befindet sich die Zunge eines Engels; er ist nicht derjenige, der spricht, sondern der zum Sprechen gebracht wird.“*** Siehe: Buḫārī: *Faḍāil al-Aṣḥāb*, 6; Muslim: *Faḍāil aṣ-Saḥāba*, 23; Tirmiḏī, 3682.

Ich liebe dich mehr als mich und mein Leben!" zu sagen. Ja, er würde mit seinem eigenen Leben beweisen, dass die Gegenleistung der Worte „Ich liebe dich sehr" nicht billig sein würden. Auf die Frage des Propheten (sas) antwortete ʿUmar (r.a.) ohne den geringsten Zweifel: *„Nein, Gesandter Allāhs! Ich liebe dich nicht mehr als mich selbst und mein Leben."*

ʿAbdullāh b. Hisām überliefert weiter: „Auf diese Antwort hin ließ der Prophet sofort seine Hand los und sagte: ***„Nicht so ʿUmar, nicht so! Sollte ich dir nicht lieber sein als dein Leben, dann hast du nicht den vollständigen Īmān verinnerlicht und erreicht."***

Diese Worte des Propheten hatten ʿUmar geradezu zerrüttet. Am Gesicht ʿUmars, der noch kurz zuvor die Gassen Medīnas mit seinem Freudenschrei erfüllte, war nun Trauer sichtbar. Mit hängenden Schultern und nachdenklicher Miene, fing an er nach Hause zu laufen. Und ich verfolgte ihn. Er kam zu Hause an, setzte sich vor die Haustür und fing an nachzudenken. Er dachte minutenlang nach, führte Selbstgespräche und verhielt sich so, als würde er irgendwelche Abwägungen machen. Dann stand er plötzlich auf und machte sich eilends auf dem Weg in die Prophetenmoschee (Masǧid an-Nabawiyy) und ich fing an ihm hinterherzurennen. Er kam in der Moschee an und begab sich schnell zum Propheten; und wieder schrie er mit lauter Stimme und großer Begeisterung auf: *„Ja, Allāhs Gesandter! Ich schwöre bei Allāh, dass ich dich mehr liebe als mich selbst und mein Leben!"*

Daraufhin sagte der Prophet (sas):

اَلْآنَ يَا عُمَرُ ! اَلْآنَ ***„Jetzt ʿUmar! Jetzt (hast du den wahren Īmān verinnerlicht)"***[18]

---

[18] Buḫārī: *Kitābu-l Īmān wa-n Nuḏūr*, 3

ʿAbdullāh b. ʿUmar, der Sohn ʿUmars, der dieses Bild in anderen Überlieferungen übermittelt, erzählt auch folgendes Ereignis bzgl. dieser Begebenheit: „Als mein Vater mit Freude die Gegenwart unseres Propheten verließ, fragte ich mich, was passiert war. Ich ging sofort zu meinem Vater und sagte: „Mein Vater! Der Prophet fragte dich auf dem Weg *„Liebst du mich mehr als dich selbst und dein Leben?"*; du sagtest zuerst nein. Danach saßest du an der Schwelle des Hauses, hast überlegt und abgewägt, bist aufgestanden und zum Propheten gegangen und hast gesagt, dass du ihn mehr liebst als dich selbst und dein Leben. Sag bloß, gab es denn in deinem Herzen einen Schlüssel, der dich von der Liebe zum Propheten überzeugt hat, kurz nachdem du ihn betätigt hast und dann das vor ihm gesagt hast?"

Mein Vater sagte: *„Nein, mein Kind! Lass mich dir sagen, wieso ich so gehandelt habe. Ich hatte bis dahin viele Sachen mit unserem Propheten (sas) verglichen. Ich sagte zu mir selbst: „Oh ʿUmar! Was würdest du wählen, wenn du eines Tages gezwungen wärst zwischen deinem Vater, deiner Mutter, deinen Kindern, deiner Frau, deinem Hab und Gut und dem Propheten zu wählen? Ich sagte, dass ich den Propheten allem vorziehen würde, ohne weiter nachdenken zu müssen. Aber ich war bis dahin nie gezwungen zwischen mir und dem Propheten zu vergleichen und zwischen diesen einen zu bevorzugen. Ich wollte keine Antwort und Behauptung abgeben, über die ich nicht abgewägt hatte. Ich kam nach Hause, setzte mich hin und wägte darüber ab. Ich sagte mir: „Oh ʿUmar! Als du noch in der Dunkelheit der Ǧahiliyya Zeit herumliefst, wurdest du durch ihn rechtgeleitet. Wirst du ihn jetzt nicht mehr als dich selbst lieben können? Nein, bei Allāh! Ich muss den Propheten, der mich mit so einer großen Ehre wie den*

Islam beehrte mehr als alles andere lieben. Genau nachdem ich diese Abwägung gemacht hatte, ging ich zum Propheten und gestand ihm diese Art von Liebe.“

Diese Worte ʿUmars nahmen auch seinen Sohn ʿAbdullāh sichtlich mit und er begriff dann, was wahre Liebe wirklich bedeutete.[19]

In dieser Überlieferung ist die Haltung ʿUmars tatsächlich von großer Bedeutung. Ohne je darüber nachgedacht und abgewägt zu haben „Ich liebe dich“ zu sagen; diese Art der Abwägung wird wohl einer der wichtigsten Maßstäbe sein, die den Gefährten so einen hohen Rang gewährt...

Und ein weiteres Beispiel für die tiefe Liebe ʿUmars zum Propheten, ist seine Haltung beim Ableben unseres Propheten (sas). Der Prophet machte sich nach seiner dreizehntägigen Krankheit im Zimmer unserer Mutter ʿĀiša (r.a.) auf dem Weg zum *Rafiq al-Aʿlā*[20]und schied vom Leben. Als Medīna mit dieser traurigen und schmerzhaften Nachricht konfrontiert wurde, glaubte ʿUmar, der ihn mehr als sich selbst und sein Leben liebte, nicht daran, dass er gestorben war. Er liebte den Propheten so sehr, dass er gar nicht daran denken wollte, den Tod und den Propheten zusammenzubringen.

Genau in dem Moment wurde Medīna mit diesen Worten ʿUmars konfrontiert: *„Bei Allāh! Der Gesandte Allāhs ist nicht gestorben! Er ist genauso wie Moses zu seinem Herrn gegangen, um Ihn zu treffen. Auch als Moses ging, dachte sein*

---

[19] Es gibt auch andere Überlieferungen dieses Ḥadīṯes, die von Anas b. Mālik und Abū Hureira überliefert wurden. Siehe: Buḫārī: *Kitābu-l Īmān*, 7,8

[20] Die Verwendung *Rafiq al-Aʿlā* ist eine Verwendung, die eigens für den Propheten benutzt wird. Seine Bedeutung: Erhabener Freund/Begleiter. Siehe: Buḫārī: *Maraḍ an-Nabiyy wa Wafātihi*, 3, 5, 8

Volk, dass er gestorben sei. Ihr werdet sehen; genauso wie Moses zurückgekehrt ist, wird auch unser Prophet zurückkehren und er wird den Heuchlern ihre verdiente Strafe erteilen. “[21]

Als in der Hand ʿUmars das Schwert und in seiner Zunge dieser Schrei die Gassen Medīnas füllte, war es an Abū Bakr ihn zu beruhigen: Er goss regelrecht Wasser auf das Feuer in seinem Herzen, indem er sagte *„Beruhige dich ʿUmar und rede nicht gegen die Bestimmung deines Herrn.* “[22] Auf diese Worte Abū Bakrs sackte ʿUmar ratlos zu Boden und versuchte sich mit seinen Tränen gegenüber den Tod, der eine Tatsache war, zu beruhigen. Ist diese Haltung ʿUmars kein Anzeichen für eine tiefgreifende Liebe und Zuneigung? Auch nach diesem Tag hat ʿUmar mit der Verbundenheit und Liebe zum Propheten gelebt und zuletzt hat er sich als sein Nachbar auf seinen diesseitigen Ort zurückgezogen.[23]

- ***Abū Bakr zur Rechten, ʿUmar zur Linken...***

Dass wir Abū Bakr als die rechte Hand des Propheten und ʿUmar die linke Hand des Propheten bezeichnen, rührt nicht daher, dass sie einfach nur die ganze Zeit zu seiner rechten und linken Seite gelaufen sind. Es rührt auch nicht aus den Worten des Propheten (sas): ***„Jeder Prophet hat im Himmel und auf der Erde zwei Wesire. Meine Wesire im Himmel sind Gabriel und Mikail. Meine Wesire auf der Erde hingegen sind Abū Bakr und ʿUmar.*** **“**[24]

Der eigentliche Grund, weswegen wir sie so bezeichnen,

[21] Ibn Saʿd: *Ṭabaqāt*, Bd. II, S. 266.

[22] Ibn Saʿd: *Ṭabaqāt*, Bd. II, S. 267

[23] Die Gräber des Propheten (sas) und ʿUmars (r.a.) befinden sich dicht beieinander in Medīna in der Prophetenmoschee.

[24] Tirmiḏī, 3680

ist folgende Überlieferung: „Eines Tages betrat der Prophet die Prophetenmoschee und fragte auf der Stelle:

اين ابا بكر؟ ***„Wo ist Abū Bakr?"***

Abū Bakr kam sofort zum Propheten. Der Prophet rief ihn zu seiner Rechten.

تعال بجواري ***„Komm an meine Seite!"***

Danach fragte er: أين عمر؟ ***„Wo ist ʿUmar?"***

Auch ʿUmar kam sofort. Zu ihm sagte der Prophet auch: تعال بجواري ***„Komm an meine Seite!"*** und nahm ihn zu seiner Linken.

Danach nahm er beide an der Hand und hob sie nach oben und sagte zu den zahlreichen Gefährten, die sich in der Moschee befanden:

هَكَذَا نُبْعَثُ يَوْمَ الْقِيَامَةِ

„Genauso werden wir (drei) am Tage der Auferstehung auferweckt werden."[25]

Aufgrund dieses Bildes sagen wir zu Abū Bakr die rechte Hand des Propheten und zu ʿUmar die linke Hand des Propheten. Denn, dass sie rechts und links von ihm sind, ist keine Sache, die lediglich etwas mit dem Diesseits zu tun hat, sondern durch die Bekanntgabe unseres Propheten, hat es etwas mit dem Jenseits zu tun. In dieser Überlieferung gibt eine wichtige Botschaft, die unser Diesseits betrifft. Wenn wir uns an das Bild erinnern, dann ist der Prophet (sas) in der Mitte, Abū Bakr (r.a.) auf der rechten Seite und ʿUmar (r.a.) auf der linken Seite. Gut, aber wo sind die übrigen Hände? Die übri-

[25] Tirmiḏī, 3699

gen Hände sind in der Luft, sie warten auf andere Hände, die diesen die Hand reichen. Um diese Hände nicht leer hängen zu lassen, um die Bewohner derselben Straße zu sein und um jene zu sein, die ein Leben führen, das diesen Händen die Hand reicht, muss man sich anstrengen, richtig? Haben wir verstanden, in was für ein Bild wir Platz einnehmen können, wenn wir uns ein wenig anstrengen?

- ***Der Yūsuf dieser Umma (ʿUṯmān) und seine Liebe zum Propheten***

So, wie der Prophet Yūsuf (a.s.) unter den Propheten das Beste Beispiel ist für das Tragen des Keuschheitshemdes und seiner Wahrung, ist ʿUṯmān (r.a.) einer derjenigen unter den Gefährten, der dieses Hemd am besten zu wahren wusste. Er ist der Yūsuf dieser Umma und eine monumentale Persönlichkeit der Schamhaftigkeit, des Anstandes und der Keuschheit. ʿUṯmān (r.a.) gehörte einer der bekanntesten Familien in Mekka an, der Banī Umayya. Als einer der ersten, der von seiner Familie den Islam annahm, hat er viele Erschwernisse erleiden müssen und er musste aufgrund seines Glaubens und auf dem Weg des Īmān einen hohen Preis zahlen. Wenn wir zur Liebe ʿUṯmāns gegenüber unseren Propheten (sas) kommen, so begegnen wir innerhalb seines langen und gesegneten Lebens[26] Ereignissen und Bildern, die uns faszinieren und uns gleichzeitig wichtige Botschaften mitgeben werden. Wir werden es schaffen leider nur zwei von den zahlreichen Geschehnissen zu übermitteln.

Kurz bevor der Ruf des Islam anfing sich in den Stra-

---

[26] Als ʿUṯmān den Islam annahm, war er 33 Jahre alt und er starb mit 82 Jahren. Für mehr Informationen über seine Person siehe: Yıldırım, Muhammed Emin: *Hz. Peygamber'in Albümü*, S. 166ff.

ßen Mekkas auszubreiten, sagte der Onkel Abū Lahab: „Die Töchter Muḥammads müssen mein Haus als meine Schwiegertöchter betreten“ und hielt für seine beiden Söhne ʿUṭba und ʿUṭayba um die Hand unserer beiden Mütter Ruqayya und Umm Kulṯūm an. Es gab zwischen ihnen eine Verlobung. Als die Sūra al-Masad offenbart wurde, Abū Lahab und seine Frau Ǧamīla mit den Worten des Qurʾān erniedrigt wurden, tobte er vor Wut; er übte gegenüber seinen beiden Söhnen Druck aus, damit sie die Verlobung auflösen sollten. Als seine beiden Söhne die Verlobung auflösten, sagte Abū Lahab: „Jetzt soll Muḥammad mal die Sorgen zweier junger Mädchen tragen und zur Besinnung kommen.“

In jenen Tagen, wo die Peinigung, der Druck und die Verleumdungen immer mehr wurden, kam nun auch dieses Problem hinzu und der Prophet und seine Frau Ḫadīǧa waren gezwungen, diese schwierige Situation ihrer beiden Töchter auf sich zu nehmen. Genau in jenen schwierigen Tagen stellte ʿUṯmān, der gegenüber den Propheten eine tiefe Verbundenheit empfand, folgende Überlegung an: „Würde ich wohl, indem ich um die Hand einer dieser Mädchen halte, es schaffen, sei es auch nur wenig, die Trauer dieses Hauses zu mildern? Werde ich wohl den Propheten zufrieden stellen, wenn ich das machen sollte?“

Als ʿUṯmān (r.a.) diese Gedanken dem Propheten (sas) offenlegte, war er so glücklich, dass er ihm seine große Tochter Ruqayya zugestand und ʿUṯmān zu seinem Schwiegersohn machte. Diese Heirat gehörte zu seiner Zeit zu den meistdiskutierten Ereignissen in Mekka. Die Menschen und die Journalisten ihrer Zeit, also die Dichter, sprachen tagelang über diese Heirat. Natürlich brachte diese Ehe, die tagelang an der Tagesordnung stand ʿUṯmān in eine schwierige Lage. Für

ʿUṯmān, der reich und von edler Herkunft war, der Sohn von ʿAffān, der am meisten geachtete Händler Mekkas, wo der Handel erst dann begann, wenn er den Markt betrat, wurde das Leben in Mekka unerträglich. Daraufhin war er gezwungen im 5. Jahr nach der Verkündung des Prophetentums mit seiner Frau Ruqayya an seiner Seite sich auf dem Weg nach al-Ḥabaš (heutiges Äthiopien) zu machen. Als der Prophet diese gesegnete Familie verabschiedete, fing er an zu weinen und sagte: ***„Friede sei auf ʿUṯmān und seiner Familie... Bei Allāh! Seine Familie ist eine Familie des Īman, die nach Lot aufgrund der Daʿwa der Botschaft (Risāla) mit seiner Familie auswandert...“***[27]

ʿUṯmān (r.a.) würde aufgrund seines tiefen Īmān im Herzen und aufgrund der Liebe, die der Īmān ihm zuteilwerden ließ, die mühsame Auswanderung (Hiğra) bewältigen und trotz aller Erschwernisse acht Jahre in al-Ḥabaš leben. Später würden sie dann zu dritt mit ihrem in al-Ḥabaš geborenen Sohn ʿAbdullāh nach Medīna zurückkehren und im zweiten Jahr nach der Ḥiğra würde er seine Frau Ruqayya verlieren. Während ʿUṯmān tiefe Trauer im Herzen mit sich trug, aufgrund des Verlustes seiner Frau, würde eine frohe Botschaft des Propheten (sas) seinen Schmerz etwas lindern. Er würde ʿUṯmān zu Ḏī-n Nūrayn[28] machen, indem er ihm seine andere Tochter Umm Kulṯūm zur Frau geben würde. Mit dieser Heirat zusammen, sollte ʿUṯmān zum zweiten Mal die Ehre zuteilwerden, der Schwiegersohn des Propheten zu

[27] Bayhaqī: *Dalāil*, Bd. II, S. 297; Ibn Kaṯīr: *al-Bidāya wa-n Nihāya*, Bd. III, S. 66

[28] Derjenige mit den zwei Lichtern, mit den zwei Lichtern sind die beiden Töchter des Propheten Ruqayya und Umm Kulṯūm gemeint, die er heiratete

sein. Doch auch dies sollte nicht lange halten; Im neunten Jahr nach der Hiğra sollte auch unsere Mutter Umm Kulṯūm sterben. Es war wieder an den Propheten ʿUṯmāns Leid zu lindern; er würde zu ʿUṯmān, der durch den Tod seiner Frau Umm Kulṯūm regelrecht zusammenbrechen sollte, folgendes sagen: ***„Bei Allāh, hätte ich zehn Töchter und würden alle zehn hintereinander sterben, würde ich sie alle der Reihe nach ʿUṯmān geben.“***[29]

ʿUṯmān hatte bei unseren Propheten eben solch eine Stellung. Das zweite Beispiel, das uns seine Liebe zum Propheten in seinem Leben zeigt, ist die unglaubliche Spende, die er während der Schlacht von Tabūk machte. Die Spende (Infāq) ist das beste Mittel gegen Heuchelei (Nifāq) und ist einer der größten Anzeichen für den Īmān. Die Spende ist der beste Beweis für Liebe, die zunächst nur eine Behauptung ist. Denn das Lieben des Herzens ist nur durch das Geben mit der Hand (Spende) möglich. Einfach nur ganz trocken „Ich liebe dich“ zu sagen und auf dem Weg des Geliebten nichts zu machen, bedeutet nichts als leere Worte. Aber ʿUṯmān (r.a.) hat uns gezeigt, wie man den Propheten wirklich liebt, indem er ausgegeben hat, gespendet hat, geopfert hat, in Kauf genommen hat und verzichtet hat. Im neunten Jahr nach der Hiğra, motivierte der Prophet die Menschen zu spenden, um das Heer für die Schlacht von Tabūk aufzurüsten. Diese Schlacht, die eine Prüfung war, hatte die bekannte Bezeichnung جيش العسرة *„Das Heer der Erschwernis.“*[30]

Es war mitten in der Sommerzeit und die Zeit der Ernte war angebrochen.[31] Der Ort, an den sie gehen sollte, war

[29] Ibn Aṯīr: *Usdu-l Ġāba*, Bd. III, S. 579

[30] Ibn Hišām: *Sīra*, Bd. IV, S. 161

[31] Der Prophet verließ Medīna Richtung Tabūk im 9. Jh. nach der Hiğra

780 km von Medīna entfernt und das Heer, auf das sie stoßen würden, war sowohl ein großes und zudem starkes Heer... Als so viele Sachen zusammenkamen, wollte der Prophet (sas) mit einem sehr starken Heer Medīna verlassen. Er plante ein 30.000 Mann starkes Heer, doch es war nicht einfach ein so starkes Heer aufzurüsten. Deswegen rief der Prophet zu jedem in Medīna: ***„Wer wird als Gegenleistung des Paradieses das Heer der Erschwernis aufrüsten?“***

Trotz des Rufes vom Propheten, rührte sich keiner. Denn diejenigen, die etwas zu geben hatten, hatten es schon gegeben und die Heuchler hingegen ignorierten diesen Ruf einfach. Diesmal wiederholte der Prophet seinen Ruf in der Moschee während der Predigt. Wieder rührte sich keiner, außer ʿUṯmān, der durch seine Schamhaftigkeit bekannt war. Er stand auf und spendete für die Aufrüstung des Heeres. Mit jeder Spende von ihm freute sich der Prophet und noch einmal wiederholte er seinen Ruf und ʿUṯmān spendete ein weiteres Mal. Es ging so weit, dass 10.000 Mann der 30.000 Mann starken Armee durch die Spenden von ʿUṯmān aufgerüstet wurden. Hiernach sagten die Menschen nicht mehr *„Die Armee der Erschwernis“*, sondern *„Die Armee von ʿUṯmān.“*[32] Das eigentliche jedoch würde unser Prophet sagen. Er sagte nämlich: ***„Egal was auch ʿUṯmān machen sollte, nach dieser Spende wird ihm kein Schaden mehr treffen.“***[33]

Was hatten diese Worte unseres Propheten zu bedeuten? Folgendes: ʿUṯmān (r.a.) hatte nun so viel gespendet, dass er mit dieser guten Tat die Sühne seiner Sünden mit der eige-

---

am Anfang des Monats Rağab und in christlicher Zeitrechnung entspricht es dem 13. September 630 n. Chr. Seine Rückkehr hingegen erfolgte auch im 9. Jahr der Hiğra am 1.-5. des Monats Ramaḍān und 11.-15. November 630 n. Chr.

[32] Dimašqī: *Subul al-Hudā*, Bd. V, S. 467

[33] Tirmiḏī, 3701

nen Hand beglich, ohne es seinen Erbfolgern zu Lebzeiten zu hinterlassen. Er hatte unter solch eine große Tat seine Unterschrift gesetzt, dass dies eine Sühne für alle kleineren Verfehlungen sein sollte, die er ab dem heutigen Tag begehen würde. Der wichtigste Grund, der ʿUṯmān (r.a.) veranlasste, solches und viele weiterer solcher lobenswerter Taten zu tun, war sein tiefverwurzelter Īmān, der ihm wiederum diese Art von Liebe zuteilwerden ließ.

Das, was uns ʿUṯmān mit seinem Leben ausdrücken möchte, ist folgendes: *„Der beste Beweis für die Liebe, von der man behauptet sie im Herzen zu tragen, ist es spenden zu können, von dem was man besitzt. Die Liebe derjenigen, die nicht fähig sind, von ihrem Besitz zu spenden, ist nur bloßes Wort, wie sehr sie ihre Liebe mit ihrer Zunge immer und immer wieder auch beteuern sollten. Liebe hingegen ist nicht nur bloßes Wort, sondern zunächst mit dem Herzen, dann mit der Zunge. Der beste Beweis für die Liebe im Herzen, ist es zu spenden.“*

- ***Die Liebe ʿAlīs zu unserem Propheten***

Innerhalb der Gefährten, hatte ʿAlī (r.a.) schon immer einen besonderen Platz eingenommen. Er war der Sohn Abū Ṭālibs, den der Prophet sehr liebte, der Ehemann seiner Tochter Fāṭima, die sein eigenes Fleisch und Blut war, der Vater seiner Enkel Ḥassan und Ḥussein und ein wahrhaftiger Held, der in der 23-jährigen Verkündung des Prophetentums immer wieder auf sich aufmerksam machte. Über ihn hatte der Prophet (sas) so viel gesagt, dass Aḥmad b. Ḥanbal dies folgendermaßen ausdrückte: *„Die Überlieferungen über ʿAlīs Leben sind so zahlreich, sodass es keinen anderen Gefährten gibt, über den so viel überliefert wurde.“*[34]

[34] Aḥmad b. Ḥanbal: *Musnad*, 3/32

Einer der Worte des Propheten über ʿAlī hat ihn die Position eingebracht, dass er der große Bruder der Botschaft (*Risāla*) wurde. Bei der Schlacht von Tabūk hatte der Prophet ʿAlī als seinen Stellvertreter (*Wakīl*) in Medīna hinterlassen. Dies wurde zum Grund der üblen Nachrede seitens der Heuchler: *„Weil dies eine anstrengende Reise sein wird, hat er seinen Cousin bevorzugt."*

ʿAlī (r.a.), der der Löwe in den Kriegsschauplätzen war, konnte diese Gerüchte nicht weiter ertragen und sprang auf sein Pferd auf, erreichte das Heer, das sich außerhalb Medīnas befand, und bestand darauf, dass der Prophet ihm mit in das Heer aufnehmen solle.

Der Prophet (sas) sagte: ***„Oh Alī! Bist du etwa nicht zufrieden die Stellung bei mir einzunehmen, die Hārūn (Aaron) bei Mūsā (Moses) einnahm? Außer, dass es nach mir keinen Propheten mehr geben wird"***[35]

Mit diesen Worten hatte der Prophet, ʿAlī den gleichen Rang wie Hārūn eingeräumt, der der Bruder Mūsās war und somit wurde ʿAlī solch eine Stellung zuteil, dass er zum Bruder der Risāla erhöht wurde. Es war nicht so einfach, ein großer Bruder zu sein: Bruder zu sein hieß Verantwortung zu tragen. Bruder zu sein hieß seine Geschwister wie sein eigenes Auge zu beschützen. Bruder zu sein hieß, wenn es sein musste, wie ein Vater zu sein, wie ein Vater zu handeln. Nun gut, wie hat ʿAlī diese Aufgabe vollbracht? Und vor allem die Frage, wie hat ʿAlī den Propheten geliebt, wenn wir ihn aus dem Blickwinkel der Liebe betrachten? Was hat er auf diesem Weg alles geopfert?

---

[35] Buḫārī: *Maġāzī*, 78; Muslim: *Faḍāilu-ṣ Ṣaḥāba*, 30, 32; Tirmiḏī, 3731

ʿAlī (r.a.) hat uns sehr wichtige Erinnerungen hinterlassen, als jemand, der 53 Jahre seines 63-jährigen Lebens auf dem Weg des Islams verbrachte. Es ist offen gestanden auch nicht sehr einfach unter diesen Erinnerungen eine auszuwählen. Deswegen werden wir versuchen, gemeinsam auf die wichtigsten Abschnitte im Leben ʿAlīs zu schauen.

Er kam im Alter von fünf Jahren in das Haus des Propheten. Als ʿAlī noch ein fünfjähriges Kind war, ging der Prophet gemeinsam mit seinem Onkel ʿAbbās zu seinen inzwischen sehr alten Onkel Abū Ṭālib, um ein wenig Last von ihm zu nehmen. Der Prophet nahm ʿAlī zu sich und sein Onkel ʿAbbās nahm den älteren Bruder Ǧaʿfar zu sich, der damals noch 15 Jahre alt war.[36] Als er ein fünfjähriges Kind war, übergab er ihn in die fürsorglichen Arme seiner Ehefrau Ḫadīǧa und sagte dabei: ***„Oh meine geliebte Ḫadīǧa! Ich habe so einen ausgewählt, dass Allāh ihn für mich ausgewählt hat.“***

ʿAlī, der vor der Verkündung des Prophetentums von Ḫadīǧa aufgezogen wurde, lernte den Islām im Alter von 10 Jahren kennen und ihm wurde auch als Zweiter nach Ḫadīǧa die Ehre zuteil, den Islam anzunehmen und das Gebet zu verrichten.[37]

Als der Prophet in der ersten Phase der Daʿwa seine nahestehen Verwandten zum Islam aufrief, war ʿAlī mit seinen 13 Jahren auch dabei. Die Aufgabe, die der Prophet ihm damals gab, war es den Gästen Wasser und Milch anzubieten. Als der Prophet die Botschaften dieser neuen Daʿwa seinen

---

[36] Ibn Isḥāq: *Sīra*, Bd. I, S. 262; Ibn Hišām: *Sīra*; Ṭabarī: *Tārīḫu-l Umam wa-l Mulūk*, Bd. II, S. 213

[37] Anas b. Mālik überliefert: „*Dem Propheten (sas) wurde das Prophetentum an einem Montag zuteil. Am Dienstag verrichtete er gemeinsam mit ʿAlī das Gebet.*“ Siehe: Tirmiḏī, 3974

nahen Verwandten verkündete, fing er an, wie der Prophet ʿIsā zu seiner Zeit, aufzuschreien: ***„Wer wird mich auf dem Weg, der zu Allāh führt, unterstützen.“***[38] Aber Abū Lahab würde nur sagen: *„Schande über dich! Hast du uns deswegen hierher gerufen?“*

Der Prophet würde unbeirrt seinen Aufruf fortsetzen, aber jedes Mal würde sein Aufruf unbeantwortet bleiben. Daraufhin würde ʿAlī den Wasserkrug zu Boden fallen lassen, seine Hand in die Luft heben und *„Ich“* sagen und diese Hand würde von dem Tag an auch 50 Jahre lang nicht mehr runter gehen. ʿAlīs Einsatz wurde von den dort Anwesenden mit Spott entgegengenommen, allen voran durch Abū Lahab. Sie würden sagen: *„Oh Muḥammad! Dieser Bengel reicht dir aus, lass uns in Ruhe! Dieser Bengel reicht dir aus!“*

Sie würden über ihn spotten, aber die Geschichte würde zeigen, dass dieser kleine Junge ihm tatsächlich ausreichen würde. Dieser kleine Junge würde als der Sohn des Qurʾān und als der Bruder der Risāla dieser Daʿwa ausreichen.

Die Hand, die an jenem Tag in die Luft gestreckt wurde, würde nie wieder runtergehen. Als er ein 23-jähriger junger Mann war, würde der Prophet sich für die Auswanderung vorbereiten. Als er sich auf den beschwerlichen Weg mit seinem aufrichtigen Freund Abū Bakr machte, würde er ʿAlī auswählen in seinem Bett zu schlafen. Im Bett des Propheten zu schlafen hieß, sich zum Sterben hinzulegen. ʿAlī würde trotz dessen sagen *„So sei es Gesandter Allāhs!“* und sich in sein Bett hinlegen zum Sterben. Dieses Verhalten ʿAlīs (r.a.) ähnelte dem Verhalten seines Vorfahren Abrahams. Als Abraham in das Feuer sprang, das Nimrod entfachte, genauso

---

[38] Ibn Saʿd: *Ṭabaqāt*, Bd. I, S. 187; Ṭabarī: *Tārīḫu-l Umam wa-l Muslūk*, Bd. II, S. 217f.

würde ʿAlī sich in das Bett zum Sterben hinlegen, doch Allāh würde ʿAlī bewahren. Als der Prophet (sas) sich mit Abū Bakr (r.a.) auf den Weg zum Berg Ṯawr machte, wählten die Stämme Mekkas, anlehnend an den Beschluss, der in Dār an-Nadwa gefasst wurde, einen Krieger von jedem Stamm aus und schickten diese in das Haus des Propheten und beabsichtigten damit die Reaktion der Banī Hāšim nach dem Mordanschlag ihnen gegenüber zu verringern.[39] Während draußen vor dem Haus des Propheten Krieger mit Schwertern in der Hand und die hervorragendsten Speerschützen warteten, schlief ʿAlī in aller Seelenruhe im Bett des Propheten. Jahre später würde ʿAlī nach diesem Ereignis befragt werden: *„Oh Alī! Als du in der Nacht der Auswanderung im Bett des Propheten schliefst, warteten draußen vor der Haustür die besten Schwertkämpfer Mekkas, um das Bett zu stürmen. Du hörtest ihr Reden, die Geräusche der Schwerter und Speere. Um Gottes Willen, bitte sag uns, wie konntest du in dieser Nacht schlafen?"*

ʿAlī (r.a.) würde wie folgt antworten: *„Bei Allāh! Ich bin heute 50 Jahre alt und ich suche noch heute nach demselben ruhigen Schlaf, den ich in jener Nacht hatte."*

So bitte... Das ist also die Liebe und Hingabe ʿAlīs (r.a.)...

Er ist um die 25 Jahre alt und befindet sich auf dem Schlachtfeld von Badr...ʿUtba, Walīd und Šayba möchten Rivalen, die sich trauen, gegen sie auf diesem Schlachtfeld anzutreten...Unser Prophet (sas) schickt ihnen drei mutige Krieger von den Anṣār...

Als ʿUtba sah, dass die kommenden Krieger aus Medīna waren, sagte er: *„Oh Muḥammad! Wir sind nicht gekommen, um hier mit Landbauern aus Medīna zu kriegen. Schick uns*

[39] Ibn Hišām: *Sīra*, Bd. II, S. 124; Ibn Saʿd: *Ṭabaqāt*, Bd. III, S. 174

Männer, die uns ebenbürtig sind.“

Unser Prophet hatte verstanden, worauf ʿUtba hinaus wollte. ʿUtba gehörte zu dem Stamm der Banū Umayya. Sie standen im Konflikt mit dem Stamm der Banū Hāšim, also musste der Prophet ihnen drei Krieger von den Banū Hāšim schicken. Daraufhin sagte der Prophet (sas):

قم يا همزة! قم يا علي! قم يا عبيدة!

„Steht auf Hamza! Steh auf ʿAli! Steht auf ʿUbayda!“[40]

ʿAlī, der es ohnehin kaum abwarten konnte, aufgerufen zu werden, folgte diesem Ruf sofort und das Schlachtfeld von Badr wurde durch das Geräusch der Schwerter dieser drei tapferen Mannspersonen erfasst, von denen einer der Onkel des Propheten war und die anderen zwei seine Cousins. Hamza (r.a.) und ʿAlī (r.a.) hatten ihre Rivalen niedergestreckt, doch ʿUbayda b. Ḥāris (r.a.) wurde verletzt und später dann zum Märtyrer.[41]

Und auch ein Jahr später nach Badr in Uḥud war ʿAlī 26 Jahre alt: Schon vor Ausbruch der Schlacht möchte Abū Ṭalḥa von dem Stamm Banū ʿAbd al-Dār einen Rivalen. ʿAlī (r.a.) sagt *„Ich“* und tritt hervor, ohne nach rechts und links zu schauen. Der Prophet (sas) schickt ʿAlī (r.a.) Richtung des Schlachtfeldes von Uḥud. Während ʿAlī Richtung Schlachtfeld schreitet, ertönen Takbīr Rufe aus den Reihen der Gefährten. ʿAlī brachte seinen Gegner schnell zu Fall und nahm in diesem Schlachtfeld eine Stellung ein, wie es ihm gebührte.

---

[40] Ibn Hišām: *Sīra*, Bd. II, S. 277; Aḥmad b. Ḥanbal: *Musnad*, 1/117

[41] ʿUbayda b. Ḥāris hatte unter den Cousins des Propheten einen besonderen Platz. Für mehr Informationen über seine Person, siehe: Yıldırım, Muhammed Emin: *Hz. Peygamber'in Albümü*, S. 254f.

Zwei Jahre später in der Grabenschlacht (Ġazwatu Ḥandaq) war ʿAlī (r.a.) 28 Jahre alt. Die Muslime hatten auf den Rat von Salmān al-Fārisī (r.a.) Gruben um die Stadt gegraben. So wurde gegen die Feinde, die in dieser Schlacht zahlreich waren, eine Art Schutzzone errichtet. Sie hatten auch sehr große Krieger in dieser Schlacht. Einige von den Feinden hatten es sogar geschafft, die Grube zu überqueren. Einer von ihnen war ʿAmr b. Wud. Diese Person war ein großer Krieger. Es gab niemanden, der ihn in dieser Region nicht kannte. Jeder kannte ihn und wenn sie seinen Namen hörten, erschreckten sie sich zu Tode. Denn er war bekannt als „ʿAmr, der 1000 Kriegern gleichkommt“ und von dem niemand wollte, dass er ihm gegenübertritt. Nachdem ʿAmr b. Wud die Gruben überquert hatte und bis zur Mitte der Grube eingedrungen war, sagte er: *„Ihr Muslime! Mir ist zu Ohren gekommen, dass ihr behauptet, dass wir in die Hölle eingehen werden, wenn wir sterben und dass ihr ins Paradies eingehen werdet, wenn ihr sterbt? Na los! Soll doch einer von euch hervortreten, mich in die Hölle schicken und selber ins Paradies eingehen.“*

Als die Muslime merkten, dass es ʿAmr war, der sprach, hatte keiner etwas entgegenzusetzen. Nur einer setzte dieser Drohung etwas gegen und dies war niemand geringeres als ʿAlī (r.a.). Er sagte *„Ich, Gesandter Allāhs!“* und sprang auf zum Schlachtfeld.

Der Prophet (sas) sagte:

إجلس يا علي! إنه عمرو!

„Setz dich hin ʿAlī! Das ist ʿAmr!“

ʿAlī (r.a.) hatte sich widerwillig hingesetzt, denn der Prophet (sas) hatte ihm diesen Befehl erteilt. Als ʿAmr sah, dass die Muslime nichts entgegenzusetzen hatten, wiederholte er seine Worte und wollte, dass ein Rivale ihm gegenübertritt. Wieder hatten die Muslime nichts entgegenzusetzen und wieder sprang ʿAlī auf zum Schlachtfeld uns sagte *„Ich, Allāhs Gesandter!"* und der Prophet befahl ihm wieder mit denselben Worten sich hinzusetzen. ʿAmr schaute und sah, dass die Muslime wieder nichts entgegenzusetzen hatten und sagte diesmal in einem spöttischen Ton: *„Was ist? Habt ihr etwa Angst bekommen? Habt ihr denn nicht mal einen Mann unter euch, der mir gegenübertreten kann?"*

Wieder war kein Laut zu vernehmen und wieder sprang ʿAlī zum Schlachtfeld auf und sagte *„Ich, Allāhs Gesandter!"* Der Prophet (sas) wollte ʿAlī nicht zum Schlachtfeld schicken. Deswegen wollte er ʿAlī wieder befehlen sich hinzusetzen, doch diesmal hatte sich ʿAlī nicht hingesetzt. Er sagte: *„Oh Allās Gesandter! Wenn er der ʿAmr ist, der 1000 Kriegern gleichkommt, dann bin ich eben durch den Beinamen, den mir meine Mutter gab, der Löwe der Wüsten (Ḥaydar al-Karrār). Lass mich, ich werde ihm seine Grenzen aufzeigen."*

Als der Prophet das Verlangen ʿAlīs verspürte, hat er ihn nicht länger davon abgehalten. Er rief ʿAlī zu sich und kleidete ihn sein eigenes Gewand über. Er nahm seinen Turban und setzte es ʿAlī auf und schickte ihn Richtung des Schlachtfeldes, indem er mit der Hand über sein Rücken fuhr. Während ʿAlī mutig auf das Schlachtfeld zulief, hob der Prophet seine Hände und sagte:

„Oh mein Herr! In Uḥud habe ich meinen Onkel Hamza zum Schlachtfeld geschickt, er kam nicht mehr zurück, schicke mir bitte ʿAlī zurück."[42]

---

[42] Ibn Saʿd: *Ṭabaqāt*, Bd. II, S. 68; Wāqidī: *Maġāzī*, Bd. II, S. 471

Als ʿAlī in den Graben runter stieg, wo sich auch ʿAmr befand, wirbelte sofort Sand und Staub auf und man konnte die Hand vor den Augen nicht mehr sehen. Als sich der Staub langsam langsam legte und man das Takbīr Geräusch vom Graben wahrnahm, hatten die Muslime verstanden, dass ʿAlī, ʿAmr niedergestreckt hatte.[43] Könnte man solch ein Verhalten zu Tage legen, wenn keine Liebe, kein Herz und Leidenschaft dabei wäre?

Daran wird sich nichts ändern, welche Seite ihr vom Leben ʿAlīs (r.a.) auch aufschlagen möget. Ihr werdet immer ein Bild vorfinden, was der Hand, die er am ersten Tag nach oben streckte, gerecht wird. In Ḥudaybiyya, in Jemen, in Mekka, in Baṣra und in Kūfa. Denn was ʿAlī in seiner Kindheit für eine Liebe zu Tage legte, konnte er bis ins hohe Alter wahren. Denn ʿAlī (r.a.) ist derjenige, der sagte: *„So wichtig es auch ist, Recht zu haben, genauso wichtig ist es, Recht zu behalten."*

Denn ʿAlī ist ein Mensch der Geradlinigkeit und Beständigkeit. Zuletzt als er in Kūfa unter dem Schwert Ibn Mulǧams tödlich verletzt wurde, der ein Opfer der Unwissenheit und des Fanatismus war, sagte ʿAlī:

بسم الله و بالله و على ملة رسول الله فزت برب الكعبة

„Im Namen Allāhs und mit Allāh und mit der Ummah Rasūlullāhs. Ich schwöre beim Herrn der Kaʿba, dass ich gewonnen habe."[44]

Als ʿAlī (r.a.) als Märtyrer diese Welt verließ, gewann er.

---

[43] Ibn Saʿd: *Ṭabaqāt*, Bd. II, S. 68

[44] Yıldırım, Muhammed Emin: *Nebevi Eğitim Modeli, Daru'l-Erkam,* S. 109

Denn er wusste ganz genau, das eigentliche Leben würde erst jetzt beginnen. Er hatte geliebt, auf dem Weg seines Geliebten gelebt und zuletzt auf dem Weg seines Geliebten sein Blut geopfert. Die Liebe ʿAlīs war ein wichtiges Beispiel, das für alle, die den Propheten (sas) lieben, zeigt, wie dies möglich ist. Wenn wir ʿAlī erwähnen, dann gibt es noch viel zu sagen, wenn wir ʿAlī erwähnen, dann werden die Worte nicht ausreichen, um seine Liebe auszudrücken, daher werden wir uns mit so viel begnügen und zu unserer Mutter Ḫadīǧa (r.a.) übergehen, die ʿAlī zu dem aufzog, zu dem er wurde.

- ***Die Prophetenliebe Ḫadīǧas, die die Mutter der Risāla war***

Unsere Mutter Ḫadīǧa war die erste Frau des Propheten (sas). Unser Prophet hat 15 Jahre vor der Verkündigung des Prophetentums und 10 Jahre danach, genau 25 Jahre, mit ihr das gleiche Bett geteilt. Sie war die Mutter aller Kinder des Propheten mit Ausnahme von Ibrāhīm.[45] Sie war die erste, die an das Prophetentum glaubte und es bestätigte, die als erste hinter dem Propheten das Gebet verrichtete, und sie wurde zur Mutter der Risāla, indem sie ihr Hab und Gut und alles, was sie besaß, auf dem Weg dieser Daʿwa ausgab. Deswegen betrachten wir unsere Mutter Ḫadiǧa nicht nur als die Mutter der Prophetenkinder, sondern auch als die Mutter dieser Daʿwa. Die Liebe Ḫadīǧas (r.a.) zu unserem Propheten (sas) war von ganz anderer Natur. Ihre Liebe war eine Liebe, die der Welt lehren sollte, was wahre Liebe wirklich bedeutet.

---

[45] Die Mutter Ibrāhīms war unsere Mutter Maria aus Ägypten. Für mehr Information über ihre Person, siehe: Yıldırım, Muhammed Emin: *Hz. Peygamber'in Albümü,* S. 124f.

Diese Liebe war eine Liebe, die aufzeigt, wie Liebe, Loyalität, Aufopferung, Barmherzigkeit, Anstand, Aufrichtigkeit und viele andere Eigenschaften verstanden und gelebt werden müssen. Wir werden versuchen zu verstehen, wie diese Liebe war, indem wir uns ein Beispiel anschauen, noch bevor das Prophetentum verkündet wurde.

Es waren gerade mal einige Monate nach der Hochzeit unserer Mutter Ḫadiğa (r.a.) mit unserem Propheten (sas) vergangen; der Onkel Abū Ṭālib fing an sich Sorgen zu machen. Der Grund seiner Sorge war dieser: Ḫadīğa war eine reiche Frau von edler Herkunft, wohingegen sein Neffe Muḥammad ein verwaister, armer junger Mann war. Es war die Sorge „Was wenn Ḫadīğa mit dem Vertrauen, den der Reichtum ihr geben konnte, ihre Autorität über Muḥammad aufbauen und ihn unterdrücken würde? Was wenn sie mit dem Stolz und Hochmut, den der Reichtum ihr geben konnte, seinen Neffen in eine schwierige Lage bringen würde?"

Abū Ṭālib behielt seine Sorgen für sich und sagte es niemanden weiter, doch diese Sorgen fraßen ihn innerlich auf. Das konnte Abū Ṭālib nicht weiter ertragen. Er rief seine Hausgehilfin mit dem Namen Nab'a zu sich und sagte: *„Geh in das Haus Ḫadīğas und bleib dort eine Weile. Achte besonders darauf, wie Ḫadīğa meinen Neffen behandelt, dann erzähl mir, was du gesehen hast."*

Nab'a machte sich daraufhin auf dem Weg zu Ḫadīğas Haus. Sie blieb dort eine Weile. Dann kehrte sie nach Hause zurück. Der Onkel Abū Ṭālib wollte erwartungsvoll von seiner Hausgehilfin wissen, was sie sah. Nab'a begann ihre Worte folgendermaßen: *„Bei Allāh, mein Herr! Ich habe weder so ein Eheleben, noch so eine Liebe zuvor gesehen."*

Nab'a war bewundert von der Liebe und dem Respekt, den die Bewohner dieses Hauses zueinander hatten... Nab'a erzählte weiter: „Ḫadīǧa begann alle ihrer Worte mit *„Meine Mutter und mein Vater seien dir geopfert!"* Sie bediente ihn, wo immer sie konnte. Sie bediente ihn immer eigenhändig, ohne es den Hausangestellten zu überlassen. Und Muḥammad half ihr soweit er konnte im Haushalt. Er sprach immer mit größter Liebe und größtem Respekt mit ihr."

Als Nab'a dies dem alten Onkel Abū Ṭālib auf diese Weise berichtete, konnte er seine Tränen nicht länger zurückhalten und fing auf der einen Seite an zu weinen; und auf der anderen Seite war er sehr dankbar.[46]

Reicht dieses Bild vor der Verkündigung des Prophetentums nicht schon aus, um die Liebe unserer Mutter Ḫadīǧa verstehen zu können?

- ***Ein Prophetenverliebter: Ḫubayb b. ʿAdiyy***

Das vierte Jahr nach der Hiǧra war sowohl für den Propheten als auch für Medīna ein schmerzvolles Jahr voller Schicksalsschläge. Im Monat Ṣafar jenes Jahres wurden sowohl im Vorfall von Bi'r al-Māʿūn als auch im Vorfall von ar-Raǧīʿ nach einer Überlieferung 47[47] ,nach einer anderen Überlieferung 80[48] Qur'ānlehrer auf dem Wege des Qur'ān getötet und zu Märtyrern gemacht. Diese beiden Ereignisse

---

[46] Yamānī, Muḥammad ʿAbduh: *Ummu-l Mu'minīn Ḫadīǧa bint Ḫuwaylid Sayyidatun fi Qalbi-l Muṣṭafā*, S. 68

[47] Siehe für die Überlieferungen, dass im Vorfall ar-Raǧīʿ 7 und im Vorfall von Bi'r al-Māʿūn 40, also insgesamt sich 47 Qur'ān Lehrer an der Reise beteiligten: Ibn Hišām: *Sīra*, Bd. III, S. 194; Ṭabarī: *Tārīḫ*, Bd. III, S. 34

[48] Siehe für die Überlieferungen, dass im Vorfall ar-Raǧīʿ 10 und im Vorfall von Bi'r al-Māʿūn 70, also insgesamt sich 80 Qur'ān Lehrer an der Reise beteiligten: Ibn Saʿd: *Ṭabaqāt*, Bd. II, S. 52; Ibn Kaṯīr: *al-Bidāya*, Bd. IV, S. 71

in jenem Jahr hatten den Propheten der Barmherzigkeit dermaßen mitgenommen, dass er beim Gebet seine Hände hob und beim Bittgebet (Duʿā al-Qunūt) Allāh darum bat, dass Er diese Bande, die jene Qurʾānlehrer getötet hatte, verfluche. Und im Vorfall von ar-Rağīʿ würde Ḥubayb b. ʿAdiyy der Welt lehren, wie man den Propheten liebt. Gleich nach der Schlacht von Uḥud bekam der Prophet die Nachricht, dass Ḫalid b. Sufyān, der der Anführer des Stammes Banū Liḥyān war, einen Angriff auf Medīna vorbereitete. Daraufhin schickte ʿAbdullāh b. Unays eine kleine Einheit Richtung des feindlichen Stammes. Diese Einheit beseitigte die Gefahr, tötete den Anführer des Stammes und kehrte nach Medīna zurück.

Dies provozierte große Rachegelüste beim Stamme Banū Liḥyān. Aber dadurch, dass sie nicht genug Kraft hatten, mit einer Armee gegen den islamischen Staat in Medīna anzutreten, planten sie diesmal Intrigen verschiedenster Art. Dem Plan nach wollten sie eine kleine Delegation von 10 Männern auswählen und nach Medīna schicken. Sie sollten sagen, dass sie Muslime sind und vom Propheten verlangen, dass er ihnen Lehrer zuweist, die ihnen den Qurʾān lehren. Dann wollten sie diese Lehrer an den Stamm von Qurayš verkaufen, insbesondere an Angehörige des Stammes, die ihre nahen Angehörigen in der Schlacht von Badr verloren hatten. Damit wollten sie ein wenig Geld verdienen und sich für die Tötung ihres Anführers rächen. Mit diesem Plan haben sie eine zehnköpfige Delegation ausgewählt und nach Medīna geschickt. Diese Delegation kam an und erklärte den Propheten den Grund ihrer Reise. Dieser gesegnete Prophet, der als eine Barmherzigkeit für die gesamte Menschheit entsandt wurde, konnte zu einer Zeit, wo er sich abmühte, die Botschaft in die ganze Welt zu tragen, ihren Wunsch nicht abschlagen. Aber er hatte auch Befürchtungen diesbezüglich. Der Prophet war besorgt, sei es durch die schmerzhaften Erfahrungen, die man mit den Abgesandten in Bi'r al-Mā'ūn oder in ar-Rağī' gemacht hatte. Er befürchtete, dass diesen Abgesandten etwas zustoßen könnte. Aber die Delegation hatte den Propheten überredet. Sie hatten ihm beteuert, dass sie ein starker Stamm seien und die Sicherheit der Abgesandten gegenüber jedweder Gefahr gewährleisten könnten. Daraufhin schickte der Prophet sieben Lehrer unter den Schülern seiner Ṣuffa Schule, von denen es damals über 200 gab, zum Stamm Banū Liḥyān, zusammen mit seinen Abgesandten. Auch wenn einige Quellen berichten, dass es 10 Lehrer waren, die der Prophet an jenen Stamm schickte, so werden die Namen der drei übrigen nicht erwähnt.[49]

Deswegen ist die Überlieferung, dass es sich um sieben Lehrer handelte, wahrscheinlicher.[50]

Nun gut, wer waren diese sieben Mutigen? Lass uns diese Lehrer kennenlernen, auch wenn es nur auszugsweise sein sollte:

1. 'Āsim b. Ṯābit (r.a.)

Diese Person ist sowohl durch sein Leben, als auch durch seinen Märtyrertod ein ungewöhnlicher Gefährte. Er war der Imām der Delegation. Er war um die 30 Jahre alt, einer der Anṣār und beteiligte sich an den Schlachten von Badr und Uḥud. Er war einer der besten Studenten unter den Aṣḥāb aṣ-Ṣuffa. Seine Schwester Ğamīla bint Ṯābit war die Frau von 'Umar. Dadurch war er der Schwager von 'Umar b. al-Ḫaṭṭāb. Er lernte den Islam durch Muṣ'ab b. 'Umayr kennen, beteiligte sich beim zweiten Treueschwur in 'Aqaba (Bay'a-

---

[49] Ibn Sa'd: *Ṭabaqāt*, Bd. II, S. 55; Aḥmad b. Ḥanbal: *Musnad*, 2/294

[50] Wāqidī: *Maġāzī*, Bd. I. S. 355

tu-l ʿAqaba) und leistete dort dem Propheten den Treueeid. Danach war er bis zur Auswanderung der Schüler von Muṣʿab und nach der Auswanderung entwickelte er sich in der Ṣuffa Schule zu einem Liebhaber des Qurʾān. Immer wenn er im Qurʾān den Widerstreit gegen den Götzendienst (Širk) und die Götzendiener (Muširkūn) las und sah, in welchem Ausmaß die Feindschaft des Qurʾān um Götzendienst stand, machte er folgendes Bittgebet: *„Mein Herr! Lass nicht zu, dass die Hand eines Götzendieners mich berührt. Lass weder zu, dass ich sie berühre, noch dass sie mich berühren."*

Zu was dieses Bittgebet geführt hat, werden wir etwas später noch sehen. So einer war also ʿAṣim b. Ṯābit, der der Imām dieser Delegation war.

2. Ḫubayb b. ʿAdiyy (r.a.)

Ḫubayb war der Helfer von ʿĀsim b. Ṯābit, der der Īmam dieser Delegation war. Er war von den Anṣār und um die 25 Jahre alt. Er ist auch ein Held, der wie ʿĀsim durch Musʿab den Islam kennenlernte, sich genauso wie er an den beiden Schlachten von Badr und Uḥud beteiligte und unter den Aṣḥāb aṣ-Ṣuffa zu denen gehörte, die sich in den Qurʾān verliebten und bereit waren, auf dem Weg des Qurʾān zu sterben. Der Prophet (sas) hatte Ḫubayb in Medīna mit ʿUmayra verbrüdert, der der kleine Bruder von Saʿd Ibn Abī Waqqās war. ʿUmayr wurde in Badr zum Märtyrer. Dieser Märtyrertod hatte ihn sehr beeinflusst und seit dem Tag betete er, wie viele andere auch, für den Märtyrertod. Er war ein Denkmal der Liebe. Wie das gemeint ist, werden wir etwas später sehen.

3. Zayd b. Daṯinna (r.a.)

Zayd b. Daṯinna und Ḫubayb b. ʿAdiyy waren ein Herz

und eine Seele. Er war auch um die 25 Jahre alt. Er wurde auch wie Ḫubayb von Musʿab aufgezogen, wurde einer von den Aṣḥāb aṣ-Ṣuffa, beteiligte sich an Badr und Uḥud und war jemand, der die Liebe und Hingebung zu den größten Aufgaben zählte. Er ist der Anṣār Bruder von Ḫālid b. Abī Bukayr.

4. Marṯad b. Abī Marṯad (r.a.)

Er gehört zu den Auswanderern (Muhāğirūn). Einer der ersten. Aber lasst mich zuvor eine ganz besondere Eigenschaft dieses Gefährten sagen: Sein Hemd gehört zu jenen, die von hinten zerrissen wurden, so, wie das Hemd von dem Propheten Yūsuf (a.s.). Ihr fragt euch wie? Marṯad war ein sehr starker und zugleich attraktiver Mann. Der Prophet hatte ihm nach der Schlacht von Badr beauftragt, einige schwache und mittellose Muslime in Mekka heimlich nach Medīna zu bringen. Denn er allein war wie eine Umma und eine Armee. Als Marṯad sich eines Tages für diese Aufgabe in Mekka befand, traf er auf eine mekkanische Frau, die in seinen Jugendjahren seine Geliebte war. Als diese Frau Marṯad, den sie jahrelang nicht gesehen hatte, vor sich sah, hatte sie sich sehr gefreut und lud ihn zu sich nach Hause ein. Marṯad hingegen versuchte ihr zu erklären, dass dieses Leben der Vergangenheit angehört und dass sein Glaube ihn daran hinderte. Aber diese Frau, die in die Rolle von Zulayḫa schlüpfte, wollte sich einfach nicht beruhigen und sagte: *„Wenn du nicht mit mir kommen solltest, werde ich ganz Mekka gegen dich aufstacheln."*

Als Marṯad das nicht akzeptierte, fing sie an loszuschreien und ganz Mekka war nun hinter ihm her. Und deswegen sagen wir, dass er zu jenen gehört, deren Hemd von hinten zerrissen wurde. Marṯad konnte seine Verfolger abhängen, flüchtete und versteckte sich und kehrte später nach Medīna zurück, indem er die ihm aufgetragene Aufgabe vollständig ausführte.

5. Ḫālid b. Abī Bukayr (r.a.)

Er ist von den Auswanderern (Muhağirūn). Als der Prophet (sas) nach Medīna auswanderte, verbrüderte er ihn mit Zayd b. Daṯinna. Er war 34 Jahre alt zum Zeitpunkt seines Märtyrertodes. Auch er war einer der hervorragendsten Schüler unter den Aṣḥāb aṣ-Ṣuffa, der an den Schlachten von Badr und Uḥud teilnahm.

6. Muʿattib b. ʿUbayd (r.a.)

Er war von den Anṣār. Er war zwischen 30-35 Jahre alt und auch wie seine Freunde von den Aṣḥāb aṣ-Ṣuffa, der an den Schlachten von Uḥud und Badr teilnahm. Seine Mutter und ʿAbdullāh b. Ṭāriq waren Geschwister.

7. ʿAbdullāh b Ṭāriq (r.a.)

Er war auch von den Anṣār. Er war zwischen 30-35 Jahre alt und auch wie seine Freunde von den Aṣḥāb aṣ-Ṣuffa, der an den Schlachten von Uḥud und Badr teilnahm.

Das waren also die Namen der sieben Lehrer, die zum Stamme Banū Liḥyān geschickt wurden. Diese Lehrer zeichnete vor allem ihre Liebe zum Qurʾān aus und die Liebe zum Propheten, der ihnen den Qurʾān lehrte. Diese Liebe ließ ihnen sowieso die größte Belohnung zuteilwerden: den Märtyrertod.

Diese sieben Lehrer machten sich mit den Abgesandten des Banū Liḥyān Stammes auf dem Weg. In einer Entfernung von 65-70 km zu Mekka, kamen sie an einer Wasserstelle mit dem Namen ar-Rağīʿ an und rasteten dort. Die Raststelle war ein ganz besonderer Ort. Diese Gegend war auch durch ihr reichhaltiges Wasservorkommen bekannt. Trotz dessen, dass sich dieser Ort inmitten der Wüste befand, sprudelte reines und trinkbares Wasser heraus, wenn man 25-30 cm in den Sand grub. Die Lebendigkeit dieser Gegend wurde förmlich zu einem Zeichen für die Daʿwa der Qurʾān Lehrer, deren Blut an diesem Ort floss.

Während die Abgesandten des Stammes in der Nacht Pläne schmiedeten, wie sie die Lehrer festnehmen und nach Mekka verscherbeln konnten, bekam ʿĀsim b. Ṯābit ein mulmiges Gefühl, weckte seine Freunde auf und sie rannten plötzlich auf ein Hügel zu, der sich gleich in der Nähe befand. Während sie auf den Hügel zu rannten, prasselte ein Regen aus Pfeil und Bögen in ihre Richtung, doch die Muslime schafften es den Hügel zu erreichen. Die Stammesangehörigen befahlen ihnen sich zu ergeben. Diese sieben Tapferen jedoch verweigerten dies und kämpften bis zum letzten Speer, der sich in ihren Satteltaschen befand, gegen mehr als 200 Stammesangehörige. Als sie kein Pfeil und Bogen mehr hatten, verstärkten die Stammesangehörigen ihre Angriffe und töteten vier der Qurʾān Lehrer. Drei blieben noch zurück. Diese waren: Ḫubayb b. ʿAdiyy, Zayd b. Daṯinna und ʿAbdullāh b. Ṭāriq. Unter den vier Märtyrern, befand sich auch ʿĀsim b. Ṯābit, der der Imām dieser kleinen Delegation war. Wir hatten ja bereits erwähnt, dass ʿĀsim ein Bittgebet hatte, welches er immer wiederholte: *„Mein Herr! Lass nicht zu, dass die Hand eines Götzendieners mich berührt...“*[51] Er wiederholte diese Worte, als er seine letzten Atemzüge nahm. Kurz bevor ihm der Tod ereilte, sagte er noch mit dem letzten Atemzug: *„Mein Herr, ich habe getan, was in meiner Hand ist. Was hiernach kommt, überlasse ich dir. Lass nicht zu, dass die Hand eines Götzendieners mich berührt!“*

---

[51] Ibn Saʿd: *Ṭabaqāt*, Bd. III, S. 463

Der verräterische Stamm umzingelte die drei zurückgebliebenen, nahm sie fest und fing an, ihre Hände zu fesseln, indem sie sie fest und dicht einander fest schnürten. Denn die drei zurückgebliebenen Muslime waren Personen, die die Mekkaner erfreuen würden, und die Stammesangehörigen würden von den Mekkanern bei der Übergabe einen hohen Preis bekommen. Diese Räuberbande wollte auch die Körper der vier getöteten Muslime nach Mekka bringen. Insbesondere für ʿĀsim b. Ṯābits Körper würden sich viele Mekkaner interessieren... Denn er hatte in der Schlacht von Uḥud den Sohn einer Frau mit dem Namen Zulāfa getötet. Deswegen hatte Zulāfa versprochen demjenigen, der ihn tot oder lebendig bringen würde, 100 Kamele zu geben. Daher war der Körper für die Stammesangehörigen sehr wertvoll. Sie könnten seinen Körper aushändigen und im Gegenzug viel Geld oder 100 Kamele erhalten. Der Anführer des Stammes beauftragte einige seiner Männer ʿĀsims Körper zu bringen. Die Männer gingen hin, doch kehrten mit großer Angst und mit leeren Händen zurück. Warum? Weil Allāh das Bittgebet von ʿĀsim angenommen hatte. ER würde nicht zulassen, dass die Hand eines Götzendieners seinen Körper berührt. Allāh, der die Kaʿba durch die Abābīl Vögel schützte, würde den Körper ʿĀsims mit Bienen schützen, der sich auf den Weg gemacht hatte, um den Menschen die Worte Allāhs zu lehren, dem Herrn der Kaʿba. ER schützte den Körper ʿĀsims mitten in der Wüste, mit einer Schar von Bienen, die ER geschickt hatte. Was auch die Männer versuchten, sie kamen nicht an seinen Körper heran. Daraufhin sagte der Anführer des Stammes, dass sie dort den Einbruch der Nacht abwarten sollten, da die Bienen in der Nacht verschwinden würden und sie mit Leichtigkeit an seinen Körper gelangen könnten. Die Männer warteten auf den Einbruch der Nacht und näherten sich, dann mitten in der Nacht, mit leisen Schritten ʿĀsims Körper. Es waren keine Bienen mehr in der Umgebung. Sie standen vor dem leblosen Körper ʿĀsims. Als sie sich seinem Körper richtig genährt hatten, fing es an plötzlich zu Donnern und es fing an wie aus Kübeln zu regnen. Die Männer flüchteten vor dem strömenden Regen und versteckten sich hinter einem Felsen. Sie warteten darauf, dass der Regen sich abschwächte. Als der Regen, der minutenlang anhielt, sich abschwächte, kamen sie aus ihrem Versteck herraus und als sie an den Platz gelangten, wo ʿĀsims Körper lag, fanden sie keinen Körper mehr vor. Sie suchten und suchten, aber konnten ihn einfach nicht auffinden. Allāh (swt.) hatte das Bittgebet von ʿĀsim angenommen. ER würde es nicht zulassen, dass die Hand eines Götzendieners seinen Körper berühren würde. Das Regenwasser hatte ihn davon geschwemmt. Die Männer kehrten mit leeren Händen von dort zurück.

Daraufhin schnürte diese Bande die drei übrigen Qurʾān Lehrer fest miteinander und machte sich auf den Weg nach Mekka, um sie den Mekkanern zu übergeben und im Gegenzug seinen Lohn zu erhalten. Als auf dem Weg dahin die Zeit des Morgengebetes eintrat, baten diese drei Qurʾān Lehrer um Erlaubnis, um das Gebet zu verrichten, aber diese kaltherzigen und finsteren Männer, deren Augen nichts anderes außer Dīnār (damalige Geldeinheit) sahen, erlaubten es diesen Muslimen nicht. Gut, aber was machten diese Qurʾān Verliebten daraufhin? Sagten sie etwa, sie wären sowieso gefesselt, Gefangene und hätten keine Möglichkeit, das Gebet zu verrichten? Nein, ganz im Gegenteil: sie dachten sich, wo ein Wille ist, ist auch ein Weg. Sie führten die rituelle Gebetswaschung durch, indem sie im Rahmen ihrer Möglichkeiten von dem Felsen, auf dem sie saßen, den Tayammum vollzogen, und verrichteten anschließend der Reihe nach, soweit sie konnten, das Gebet. Auf diese Art und Weise das Gebet zu verrichten, war wohl eine (besondere) Situation, die den Prophetengefährten zuteilwurde, und auch in diesem Gebiet wurden sie ihrer Vorbildrolle gerecht.

Als sie in einer Ortschaft in der Nähe von Mekka angekommen waren, fand ʿAbdullāh b Ṭāriq, der einer der drei Lehrer war, - wie auch immer - einen Weg, das Schwert eines der Banditen zu stehlen, schnitt die Fessel in ihrer Hand ab und fing an, gegen sie zu kämpfen. Er konnte jedoch den Stammesangehörigen, die in Windeseile seine Umgebung abgeschirmt hatten, nicht lange Widerstand leisten und wurde dort zum Märtyrer. Nur noch Ḫubayb und Zayd blieben zurück. Mit dem Gedanken zumindest noch diese beiden Übriggebliebenen heil nach Mekka zu bringen, setzten sie (die Banditen) dann ihre Reise mit noch größerer Vorsicht fort.

Als sie in Mekka ankamen, würde Ṣafwān b. Umayya , dessen Vater (Umayya b. Ḫalaf) in der Schlacht von Badr getötet wurde, Zayd b. Daṯinna kaufen und Ḥuǧayr b. Abī Ihāb würde im Gegenzug für seinen in der Schlacht von Badr getöteten Bruder Ḫubayb b. ʿAdiyy kaufen. Sicherlich war der Grund für ihren Kauf die beiden Muslime vor den Augen aller Mekkaner öffentlich hinzurichten, um einerseits die Wut, die in ihnen tobte, zu dämmen und auf der anderen Seite das Interesse in Mekka an den Muslimen (Islam) zu verhindern. Es gab aber ein Problem: sie befanden sich damals in der Zeit der verbotenen Monate (al-Ašhur al-Ḥurum) und das Töten in diesen Monaten war selbst unter den polytheistischen Arabern sehr verpönt, deswegen mussten sie warten, bis diese Monate vorüber waren. So haben sie die beiden Qurʾān verliebten jungen Männer voneinander getrennt und haben Ḫubayb in ein Haus und Zayd in ein anderes Haus eingesperrt. Während dieser ganzen drei Monate waren sie Bedrohungen und Folter ausgesetzt. Man machte ihnen Vorschläge, aber was auch immer sie taten, sie konnten diese beiden jungen Männer nicht von ihrem Weg, ihrem Īmān und ihrer Liebe abbringen. Der Tod wäre auf der einen Seite eine Befreiung, aber es war eine viel schwierige Prüfung unter ständiger Todesangst zu leben. Diese beiden Tapferen waren eben solch einer Prüfung ausgesetzt. Die ganzen drei Monate über war es so, als würden sie sterben und immer und immer wieder neu auferweckt werden, aber sie hatten so einen Widerstand gegenüber diesen Peinigungen zu Tage gelegt, dass sie sogar jene, die sie mit den Tod bedrohten, in Staunen versetzten.

In der Nacht, wo die verbotenen Monate endeten, wollte Ḫubayb von einer Konkubine (Ǧāriya) mit dem Namen Māwiya im Haus, wo er festgehalten wurde, eine Rasierklinge, um sich rasieren zu können. Ging Ḥudayb nicht gerade auf den Tod zu? Warum also wollte er sich rasieren? Ḫubayb hatte von dem Propheten (sas) und von anderen Großen, die auf diesem Weg gingen, sehr gut gelernt, dass der beste Tod der Märtyrertod war. Der Märtyrertod, er war wie der Hochzeitstag eines Waghalsigen, er war die größte Freude und Liebe. Daher musste der Tag, an dem man zu ihm gelangen würde, einer der besten Tage sein. Dieser Tag war der Tag der Hochzeit mit der Braut des Märtyrertodes und diesen Tag musste man wie ein Bräutigam empfangen. Deswegen wollte Ḫubayb sich rasieren und in diesem sauberen Zustand seinen Herrn treffen.

Māwiya lies Ḫubayb gemäß seinem Wunsch mittels ihres Kindes eine Rasierklinge zukommen. Doch plötzlich geriet sie in Panik: konnte man einen Gefangenen eine Rasierklinge mittels eines Kindes anvertrauen? Was, wenn er dem Kind mit dieser Rasierklinge etwas antäte, wenn er damit das Kind gefangen nähme und sich damit frei erpresst... Sie hatte große Angst und kam rennend zu Ḫubayb. Māwiya sah, wie ihr Kind auf dem Schoß von Ḫubayb saß. Ḫubayb alberte mit ihm herum und amüsierte ihr Kind. Dieses Bild hatte Māwiya dermaßen mitgenommen, dass allmählich die Keime des Īmān in ihr Inneres gesät wurden. Noch bevor Ḫubaybs Blut auf Allāhs Weg floss, hatte er angefangen mit seiner Würde, seinem Stolz und seiner Liebe, Keime des Īmān in die Straßen von Mekka zu säen...

Später dann rasierte sich Ḫubayb und bereitete sich vor; dann kamen die Männer von Ṣafwān und brachten ihn außerhalb Mekkas vor einen großen Fels, der sich direkt hinter der heutigen Tayim Moschee befindet. Hier wollten sie ihn vor den Augen aller Anwesenden hinrichten. Denn in Mekka hatte das Interesse besonders unter den Jugendlichen gegenüber den Muslimen zugenommen. Auf der einen Seite wollten die Mekkaner durch die Hinrichtung Ḫubaybs eine Botschaft mitgeben und auch sie davon abschrecken.

Während sie panisch seine Hinrichtung vorbereiteten, befand sich Ḫubayb in der Vorfreude, sich allmählich dem Märtyrertod zu nähern. Diese Vorfreude Ḫubaybs verstörte die Mekkaner. In dem Moment näherte sich ihm Abū Sufyān und fragte, ob er noch einen letzten Wunsch habe.

Ḫubayb sagte: *„Ja. Wenn ihr es gestattet, möchte ich noch zwei Rakʿa beten."*

Sie erlaubten es ihm und Ḫubayb fing an zu beten. Das war sein letztes Gebet. Während er sein letztes Gebet verrichtete, näherte er sich Schritt für Schritt seinem Herrn. Nachdem er das Gebet beendet hatte, wandte er sich zu den Leuten um ihn und sagte: *„Bei Allāh! Wenn ich nicht besser wüsste, dass ihr sagt, dass Ḫubayb Angst vor dem Tod hat, dann würde ich mein Gebet dermaßen in die Länge ziehen... Weil ich das Gebet so sehr genossen habe, dass ich noch stundenlang so weiter beten könnte."*[52]

Das letzte Gebet. Meint man etwa, dass es so einfach ist das letzte Gebet vor den Augen des Henkers zu verrichten! Das ist eine Besonderheit, die nur jenen zuteilwird, die ein Īmān, wie Ḫubayb haben und so wie er lieben. Nun näherte er sich dem Ende zu: Ḫubayb schritt mit lachendem Gesicht zum Tode, dass jeden, der sich das ansah, förmlich aus der Fassung brachte. Daraufhin unterbreitete Abū Sufyān, Ḫubayb folgenden Vorschlag, um den Eindruck, den er unter den Menschen hinterlassen hatte, abzuschwächen: *„Oh Ḫubayb! Komm lass uns dir noch eine letzte Chance geben. Schau doch, während du hier dieser Pein ausgesetzt bist, amüsiert sich Muḥammad gerade in Medīna prächtig. Er hat euch wissend in den Tod geschickt. Sag nur die Worte „Muḥammad sollte an meiner Stelle sein" vor allen Menschen, damit wir dich frei lassen."*

Dieser Vorschlag Abū Sufyāns hatte die Aufmerksamkeit der Menschen nur noch weiter erregt. Man verlangte von Ḫubayb nur einen kleinen Satz. Er könnte diese Worte wiederholen und damit sein Leben retten. Was hat Ḫubayb nun gesagt? Ḫubayb, der bis dahin keinen Flecken Schmutz an seine Liebe heran ließ, würde auch diesmal gegenüber diesem Vorschlag nicht zulassen, dass seine Liebe befleckt würde und würde jene Worte sagen, die in die Geschichte eingingen: *„Bei Allāh! Vergiss, dass ich mir wünsche, dass Muḥammad hier an meiner Stelle sei, ich wäre noch nicht mal damit einverstan-*

---

[52] Ṭabarī: *Tārīḫ*, Bd. III, S. 31; Ibn Kaṯīr: *al-Bidāya*, Bd. IV, S. 63

den, dass auch nur ein Dorn in seinen Fuß sticht. Hätte ich so viele Häupter, wie ich Haare auf dem Kopf habe und würde jeden Tag eines davon enthauptet werden, so würde ich dennoch nicht wollen, dass ihm (sas) etwas zustößt. "[53]

Gegenüber dieser Liebe verstummte sowohl Abū Sufyān, als auch die anwesenden Mekkaner, die das alles mitverfolgten. Abu Sufyān sagte: *„Was ist das bloß für eine Liebe? Ich habe Hunderte Herrscher gesehen, Hunderte Staatsregierende. Ich habe keinen ihrer Gefolgsleute so, wie die Gefolgsleute Muḥammads, gesehen.* "[54]

Selbst als Ḫubayb dem Tod entgegenlief, tat er dies, indem er der Welt lehrte, wie man den Propheten liebte. Er lehrte, dass die Liebe der Gefährten zum Propheten nicht nur leeres Gerede war. Er zeigte, dass dies eine Liebe bis zum Tode war. Er ließ der Welt den Beweis dieser Liebe verlautbaren, die eine notwendige Bedingung des Īmān ist, indem er sein Blut dafür gab.

Als die Mekkaner die Entschlossenheit Ḫubaybs sahen, bereiteten sie seine Hinrichtung vor. In dem Moment schaute sich Ḫubayb die Gesichter an, die vor ihm waren, hob dann seine Augen zum Himmel und sagte: *„Mein Herr! Ich werde gleich zu Dir kommen, aber dein Prophet in Medīna weiß nicht über meinen Zustand Bescheid. Bitte mein Herr, richte ihm (sas) meine Grüße aus, benachrichtige ihm von meiner Situation!"*

Allāh, der das Bittgebet von ʿĀsim b. Ṯābit erhört hatte, würde auch das Bittgebet von Ḫubayb erhören. In dem Au-

---

[53] Ibn Hišām: *Sīra*, Bd. III, S. 246; Wāqidī: *Maġāzī*, Bd. I, S. 360

[54] Ibn Saʿd: *Ṭabaqāt*, Bd. II, S. 56

genblick saß der Prophet mit vielen seiner Gefährten in der Moschee. Der Prophet (sas) würde sich plötzlich aufrappeln, seine gesegneten Hände auf seine Brust legen und in einem für alle hörbaren Ton ***„Wa Aleyka as-Salām Ya Ḫubayb!“ (Und Frieden sei auf die Oh Ḫubayb)*** sagen. Als die Gefährten, die nicht wussten, was geschehen war, aufmerksam den Propheten ansahen, würde er ihnen die Situation erklären und folgendes sagen: ***„Euer Bruder Ḫubayb ist soeben zum Märtyrer geworden“***[55]

Nachdem die Mekkaner Ḫubayb zum Märtyrer machten, war Zayd b. Daṯinna an der Reihe. Sie dachten, dass Zayd Angst kriegen würde, nachdem er sich den Tod Ḫubaybs mit ansehen musste. Auch ihm machten sie einige Vorschläge. Aber auch Zayd würde dieselbe Haltung wie Ḫubayb einnehmen. Auch er würde mit großer Würde auf den Tod zulaufen.

Hier also die Prophetenliebe...

Hier also die wahre Liebe zweier Tapferer, die der Welt vieles lehrten, als sie sich auf dem Weg dieser Liebe opferten...

- ***Die Liebe Ṯawbāns zum Propheten***

Ein weiterer, dem die Ehre zuteilwurde, das Prophetentum unseres Propheten (sas) mitzuerleben, war ein jemenitischer Sklave mit dem Namen Ṯawbān.[56] Ṯawbān wurde von Jemen nach Medīna gebracht und als er dort im Sklavenmarkt verkauft wurde, hat ihn der Prophet freigekauft und ihn in die Freiheit entlassen. Seit dem Tag versuchte Ṯawbān dem Kö-

---

[55] Abū Nuʿaym: *Dalāil*, Bd. II, S. 508; Bayhaqī: *Dalāil*, Bd. III, S. 326

[56] Für mehr Information über Ṯawbān (r.a.), siehe: Yıldırım, Muhammed Emin: *Hz. Peygamber'in Albümü,* S. 406f.

nig der Welten besser kennenzulernen und auch er verliebte sich in ihn, wie jeder, der ihn kennenlernte. Der Tag seiner Freilassung war gekommen. Als der der Prophet sagte: ***„Oh Ṯawbān! Du kannst nun zu deiner Familie zurückkehren“***, sagte Ṯawbān, von den er dachte, dass er sich freuen würde, unter tränenden Augen, dass er in Medīna bleiben würde: *„Oh Allāhs Gesandter! Was soll ich mit einem Leben ohne dich machen! Ein Leben ohne dich, wie könnte ich bloß ohne dich leben?“*

Seit diesem Tag wurde Ṯawbān einer von den Aṣḥāb aṣ-Ṣuffa. Während er dort auf der einen Seite sich weiterbildete, stand er auf der anderen Seite im Dienste des Propheten (sas).[57]

Ein arabisches Sprichwort besagt: *„Ein jeder hat einen Anteil an seinem Namen.“*

Das heißt, dass die Bedeutung des Namens, die einer Person gegeben wurde, sich so oder so bei dieser Person bemerkbar macht. Die wörtliche Bedeutung von Ṯawbān ist: *„Der, der seine Kleidung angezogen hat bzw. der seinen Gürtel festgeschnürt hat.“*

Wir verstehen diese Bedeutung für Ṯawbān folgendermaßen: Der Īmān und die Gottesfurcht (Taqwā) ist zu seiner Kleidung geworden. Er ist nach seiner Annahme des Islam zu einem Tapferen geworden, der nun mit seiner Īmān-Kleidung herumlief. Er hat die Liebe des Propheten (sas) förmlich in sich gesogen, hat diese Liebe in jeder Körperzelle gespürt und danach gelebt.

Und Ṯawbān, der eben so einer war, saß sich eines Ta-

---

[57] Ibn Sa'd: *Ṭabaqāt*, Bd. V, S. 97; Ibn Ḥağar: *al-Iṣāba*, Bd. I, S. 231

ges vor die Haustür hin und fing an nachzudenken: *„Obwohl ich hier in Medīna neben dem Gesandten Allāhs bin, wird es finster in meiner Welt, wenn ich ihn einige Stunden nicht zu Gesicht bekomme, ich weiß dann nicht, was ich tue und durste förmlich nach ihm, so wie ich hungere, wenn ich Appetit auf Essen bekomme. Also selbst wenn ich morgen im Jenseits ins Paradies eingehen sollte, wird der Prophet, weil er ein Prophet ist, mit anderen Propheten, Wahrhaftigen und Märtyrern in höheren Rangstufen sein, und selbst wenn ich im Paradies sein sollte, werde ich von ihm ausgeschlossen sein, indem ich mich in niedrigeren Stufen befinde. Wenn ich im Paradies ohne den Propheten (sas) sein soll, was sollte ich dann mit so einem Paradies. Ein Paradies, wo ich Allāhs Gesandten nicht sehen kann. Würde dieses Paradies nicht zur Hölle werden für mich?"*

Ṯawbān vertiefte sich in diese Gedanken und fing plötzlich an unter fließenden Tränen zu weinen. Während er sich in diesem Zustand befand, kam der Prophet (sas). Als der Prophet, Ṯawbān vor seiner Haustür hockend sieht, wie er weint, wird er neugierig und fragt nach dem Grund. Ṯawbān teilte dem Propheten den Sturm, der in seinem Inneren tobte, mit und erklärte den Grund für sein Weinen. Auf diese Antwort hin fing der Prophet (sas) an zu lächeln und wiederholte seine frohe Botschaft, die wie eine Hochzeitsfeier für die Gefährten war, jedes Mal, wenn der Prophet es wiederholte: ***„Oh Ṯawbān! Der Mensch ist mit demjenigen zusammen, den er liebt. Auch du wirst zusammen mit mir sein."***[58]

Ṯawbān hatte diesen Ḥadīṯ vom Propheten schon einige Male gehört, aber diesmal wurde diese frohe Botschaft ihm

---

[58] Muslim: *Birr*, 50; Abū Dāwūd, *Adab*, 113

höchstpersönlich gegeben. In dem Moment war er derart aufgewühlt, dass er auf der einen Seite seine Tränen wegwischte und auf der anderen Seite sagte: *„Oh Allāhs Gesandter! Heißt das also, dass ich dich im Paradies sehen werden kann, so wie ich dich jetzt direkt vor mir sehe?“*

Der Prophet (sas) wiederholte seine Worte: ***„Ya Ṯawbān! Der Mensch ist mit demjenigen zusammen, den er liebt.“***

Ṯawbān war so überwältigt von dieser frohen Botschaft, dass er diesmal anfing Freudentränen zu vergießen. Nach diesem Vorfall, verbreitete sich in Medīna ein Vers aus den Himmelspforten. Die herabgesandten Verse gaben jeden Prophetenverliebten, allen voran Ṯawbān, eine frohe Botschaft. Unser Herr sagt:

„Und wer Allah und dem Gesandten gehorcht, soll unter denen sein, denen Allah Seine Huld gewährt, unter den Propheten, den Wahrhaftigen, den Zeugen und den Rechtschaffenen. Welch gute Gefährten!“[59]

Ṯawbān (r.a.) wurde durch die Liebe, die er gegenüber dem Propheten (sas) empfand, der Grund für die Offenbarung solch einer wichtigen Botschaft.[60] Ṯawbān, der sich selbst den Geschmack des Īmān zum Kleid machte, hat auch danach bis zu seinem Tod im Jahre 674 n. Chr. (54 n.H.) ein Leben auf dem Weg dieser Liebe gelebt.

- ***Den Propheten, so wie Sumayra zu lieben***

Der eigentliche Name Sumayras, die zu den Tapferen des Aṣr aṣ-Ṣaʿāda gehört (so wird die Zeit des Propheten bezeich-

---

[59] Sūra Nisā 4:69

[60] Wāḥidī: *Asbāb an-Nuzūl*, S. 115

net, zu Deutsch: Die Epoche der Glückseligkeit), ist ʿAfrā bint ʿUbayd. Sie ist jedoch mehr durch ihren Namen Sumayra bekannt. Sie war von den Anṣār und mit Ḥāris b. Rifāʿa verheiratet. Aus dieser Ehe entstanden die drei Söhne ʿAwf, Muʿāḏ und Muʿawwiḏ. Diese Mutigen würden später ihre Namen für die Ewigkeit in die Geschichtsseiten schreiben lassen, auf die man später mit großem Neid blicken würde.

Unsere Mutter Sumayra lernte den Islam wie viele Medinenser auch von Muṣʿab b. ʿUmayr kennen und verliebte sich in den Propheten, noch bevor sie ihn gesehen hatte. Knapp ein Jahr nachdem sie den Islam angenommen hatte, als die Stadt Yaṯrib auf dem Weg war Medīna zu werden, wanderte der Prophet (sas) auch nach Medīna aus und für Sumayra waren diese Tage wie ein nicht enden wollendes Hochzeitsfest, wie für alle Medinenser.

An jenen Tagen traf unsere Mutter Sumayra folgende Entscheidung für sich selbst: *„Da ich eine Medinenserin bin, kenne ich das 13 jährige Leben des Propheten in Mekka nicht. Am besten hole ich mir die Informationen über dieses Leben von den mekkanischen Frauen. Umso besser ich ihn kenne, desto mehr werde ich ihn auch lieben.“*

Sumayra hatte sehr gut verstanden *„Liebe entsteht durch das Kennen“*, denn wahre Liebe entsteht nur, wenn man die Person wirklich gut kennt. Daraufhin ging sie zu einigen Frauen von den Muhāǧirūn (Auswanderer) und traf mit ihnen folgende Vereinbarung: *„Lasst mich jeden Tag in euer Haus kommen und euren Hausarbeiten erledigen. Lasst mich das Geschirr und die Wäsche waschen, das Haus reinigen, was auch immer ihr wollt und erzählt ihr mir als Gegenleistung das Leben unseres Propheten (sas) in Mekka. Teilt mir alles mit, was ihr über sein 13 jähriges Leben dort wisst.“*

Die Frauen von den Muhāğirūn akzeptierten das Angebot. Das hatte unsere Mutter Sumayra sehr erfreut. Sie ging jeden Tag in den Morgenstunden zu den Häusern, mit denen sie die Vereinbarung getroffen hatte, erledigte die anstehenden Hausarbeiten, bekam als Gegenleistung Informationen über das Leben des Propheten in Mekka und kehrte dann nach Hause zurück.

Sie kehrte zwar nach Hause zurück, aber die eigentliche Arbeit begann dort. Denn Sumayra behielt die Informationen, die sie mit dem Verantwortungsbewusstsein einer Mutter lernte, nicht für sich selbst, sondern teilte diese Informationen mit den Hausbewohnern, ihrem Ehemann und den Kindern. Auch dabei nahm sie eine Vorbildrolle für uns ein. Sumayra sammelte ihren Mann und ihre Kinder nicht etwa um sich herum und sprach zu ihnen, als befänden sie sich gerade in einer Predigt oder einer Unterrichtsstunde. Was tat sie? Sie vermittelte ihnen dieses Wissen in einem natürlichen Gesprächsfluss, als sie gemeinsam beim Tisch zu Essen saßen. Denn sie hatte sehr gut verstanden, dass *die Ṣufra (Essenstisch) die Ṣuffa des Hauses ist.* Ṣuffa war der Name der Schule, die der Prophet (sas) in Medīna gegründet hatte. Welch große Gelehrte, Märtyrer und tapfere Männer dort erzogen wurden! Die Gefährten hatten die Ṣuffa Schule als ein Modell erkannt und förmlich eine „Filiale" davon in ihren eigenen Häusern errichtet. Die Ṣuffa Schulen, die in den Häusern errichtet wurden, waren die Tische, die in den Häusern zum Essen gedeckt wurden. Die Gespräche, die an diesen Tischen in einem natürlichen Gesprächsfluss geführt wurden, wurden zum Grund, dass große Menschen erzogen wurden. Die Gespräche waren das wichtigste Proviant, das die Gefährten erzog. Die Ṣuḥba war der wichtigste Grund, der die Gefährten zu Gefährten machte. Die Ṣuḥba war eine prophetische Tradition und Methode. Und Sumayra war eine Mutter, die diese Tradition fortführte.

Das Gesprächsthema, das in der Ṣufra dieses Haus geführte wurde, war der Prophet (sas). Dementsprechend wurden alle Bewohner des Hauses zu Menschen, die den Propheten (sas) aus tiefstem Herzen liebten. So sehr, dass sie Respekt gegenüber Abū Ṭālib empfanden, der in Mekka auf unseren Propheten (sas) aufgepasst hatte und sich gegenüber Abū Lahab und Abū Ǧahil erzürnten, obwohl sie sie nie gesehen hatten. Sie hatten sehr gut verstanden, dass der Liebende, die Geliebten seines Geliebten liebt und gegenüber den Feinden des Geliebten feindlich gesinnt ist. Auch sie wurden, als welche, die den Propheten aus tiefstem Herzen liebten, zu Freunden der Freunde des Propheten und zu Feinden seiner Feinde.

Als die Tage so vergingen, wurde im 2. Jahr nach der Hiǧra die Stimme Bilāls in den Straßen von Medīna gehört, als er Kämpfer für die Schlacht von Badr rief. Die drei Tapferen in Sumayras Haus stürzten sich dafür auf den Platz los, wo sich die Kämpfer versammelten. Wir wissen nicht mit Sicherheit, ob ihr Vater Ḥaris b. Rifāʿ auch nach Badr ging, aber die drei Söhne des Hauses ʿAwf, Muʿāḏ und Muʿawwiḏ hatten es geschafft, obwohl sie noch sehr jung waren, mit in das Heer aufgenommen zu werden, indem sie, wie viele andere in ihrem Alter auch, auf Zehenspitzen liefen, damit sie größer erschienen.

Die drei Geschwister, trafen folgende Entscheidung, als sie sich auf dem Weg nach Badr machten mit der Prophetenliebe, die sie von ihrer Mutter gelernt hatten: *„Wir werden auf dem Schlachtfeld von Badr, Abū Lahab, der der Feind unseres Propheten ist und ihm unterdrückt hat, finden und töten!“*

Jeder der drei Geschwister traf solch eine Entscheidung, ohne dass sie das voneinander wussten und marschierten los Richtung Badr. Es gab jedoch ein Problem: keiner von ihnen kannte Abū Ǧahl. Da sie selber Medinenser waren, hatten sie Abū Ǧahl noch nie zuvor gesehen. Obwohl sie ihn noch nie gesehen hatten, kamen sie im Schlachtfeld von Badr an, indem sie gegenüber dem Feind des Propheten, Abū Ǧahl, eine tiefe Feindschaft empfanden.

Dann begann das heiße Aufeinandertreffen zwischen Īmān (Glaube) und Inkār (Ablehnung des Glaubens). Einige töteten und andere wurden getötet. Genau als die Schlacht anfing zu eskalieren, machten sich diese Jugendlichen auf dem Weg, um Abū Ǧahl zu finden. Genau in diesem Augenblick kam Muʿāḏ der zweitjüngste zu ʿAbdurraḥmān b. ʿAwf, ohne es seinen Geschwistern anmerken zu lassen: *„Onkel, kannst du mir Abū Ǧahl zeigen?“*

Dass ein medinensischer Jugendlicher zum Zeitpunkt, wo die Schlacht eskalierte mit solch einem Verlangen hinter Abū Ǧahl her war, machte ʿAbdurraḥmān b. ʿAwf neugierig.

Er fragte Muʿāḏ :*„ Was willst du mit Abū Ǧahl?“*

Muʿāḏ sagte: *„Onkel, bevor ich hierher kam, habe ich meinem Herrn ein Versprechen abgegeben. Ich sagte, wenn der Prophet (sas) mich in das Heer von Badr einnehmen sollte, werde ich Abū Ǧahl, der ein Feind des Gesandten Allāhs ist, töten. Aus diesem Grund suche ich ihn.“*

ʿAbdurraḥmān b. ʿAwf war begeistert von der Liebe bei Muʿāḏ und sagte: *„Na gut, sollte ich ihn sehen, werde ich ihn dir zeigen.“*

Als sich Muʿāḏ von ʿAbdurraḥmān b. ʿAwf entfernte, kam diesmal sein kleiner Bruder Muʿawwiḏ, um ihm genau dieselbe Frage zu stellen. ʿAbdurraḥmān b. ʿAwf stellte ihm auch mit Bewunderung dieselbe Frage, weswegen er Abū Ǧahl suchte und erhielt auch von Muʿawwiḏ dieselbe Antwort. Daraufhin gab ihm ʿAbdurraḥmān b. ʿAwf die gleiche Antwort und sagte, dass er ihm Bescheid geben würde, wenn er ihn sehen sollte.

ʿAbdurraḥmān b. ʿAwf erzählt: *„Ich schaute und sah auf einmal Abū Ǧahl, dass er mitten auf dem Schlachtfeld stand, mit einem roten Turban auf dem Kopf, seinen Männern an seiner Seite und auf dem Pferd sitzend. Ich sagte, indem ich mit der Hand dahin verwies „Jungs! Der Mann, den ihr sucht, ist der Mann mit dem roten Turban auf dem Kopf.“ Noch bevor ich meine Hand runter nahm, hatten sie wie schnell dahineilende Rosse Abū Ǧahl umkreist und versuchten ihn mit ihren Schwertern von seinem Pferd zu stürzen.“*

Genau in dem Augenblick wurde ʿAwf durch das Schwert Ikrimas, der der Sohn von Abū Ǧahl war, zum Märtyrer. Muʿāḏs Arm bekam auch einen großen Schlag ab, aber auch Abū Ǧahl, von dem der Prophet (sas) sagte: ***„Der Pharao (Firʿaun) meiner Umma“***[61], wurde durch die Schläge dieser tapferen Jugendlichen von seinem Pferd niedergerissen.

Plötzlich fing das Schlachtfeld von Badr an aufzuschreien: *„Der Pharao dieser Umma wurde getötet! Abu Ǧahl wurde getötet!“*

Allerding war Abū Ǧahl noch nicht gestorben, doch er war unwiderruflich zusammengebrochen. Diese beiden Jugendlichen rannten sofort zum Propheten und sagten, indem sie dem Propheten (sas) ihre blutigen Schwerter zeigten: *„Oh Allāhs Gesandter! Wir haben deinen Feind niedergestreckt! Wir haben Abū Ǧahl getötet!“*

---

[61] Bayhaqī: *Dalāil an- Nubuwwa*, Bd. II, S. 388

Um das zu überprüfen schickte der Prophet, Ibn Mas'ūd (r.a.) dahin. 'Abdullāh b. Mas'ūd fand, wie Abū Ǧahl seine letzten Atemzüge auf dem Schlachtfeld nahm und brachte die Sache zu Ende, indem er ihm den letzten tödlichen Schlag verpasste. Als er kam und dem Propheten das erzählte, gratulierte er den Jugendlichen. Er (sas) sprach für sie Bittgebete aus.[62]

Während Mu'āḏ und Mu'awwiḏ die Freude erlebten, ihren Bruder als Märtyrer verabschiedet zu haben, freuten sie sich auf der anderen Seite ihr Versprechen eingehalten zu haben und kaum in Medīna angekommen erzählten sie ihrer Mutter Sumayra, die ihnen diese Liebe gesät hatte, was ihnen alles zugestoßen war. Auch sie erlebte die Freude dieser beiden Freudenbotschaften. Dass ihre Söhne auf der einen Seite Abū Ǧahl getötet hatten und auf der anderen Seite ihr ältester Sohn 'Awf zum Märtyrer wurde, machte sie mehr als glücklich.

Unter der Überschrift „Den Propheten (sas) wie Sumayra (r.a.) zu lieben" gibt es noch so vieles zu erzählen...Kommt, lasst uns sie diesmal im Schlachtfeld von Uḥud betrachten. Diesmal in Uḥud. Lasst uns von unserer Mutter Sumayra lernen, wie man den Propheten im wahrsten Sinne des Wortes liebt.

Es war das 3. Jahr nach der Hiǧra. Es war gerade mal ein Jahr nach der Schlacht von Badr vergangen. Mekka machte sich mit großen Rachegelüsten, mit einer 3000 Mann starken Armee auf den Weg nach Medīna. Der Prophet (sas) beriet sich mit seinen Gefährten und obwohl er selber die Meinung vertrat, in der Stadt zu bleiben und einen Verteidigungskrieg

[62] Ibn Hišām: *Sīra*, Bd. II, S. 287; Ṭabarī: *Tārīḫ*, Bd. II, S. 284

bevorzugte, akzeptierte er die Sichtweise der Jugendlichen, die besonders auf eine Schlacht im offenen Feld beharrten und stellte 700 seiner Soldaten am Fuße des Uḥud Berges auf. Unter den 700 Soldaten befanden sich vier Personen aus Sumayras Familie. Ihr Vater ʿUbayd, ihr Ehemann Ḥāris und ihre beiden Söhne Muʿāḏ und Muʿawwiḏ, die beiden Veteranen des Badr Krieges...

Als Sumayra, die den Propheten vom ganzen Herzen liebte und einer der großen Mütter des Islam ist, diese vier Familienmitglieder auf das Schlachtfeld von Uḥud schickte, sagte sie folgendes: *„Geht ihr auf das Schlachtfeld von Uḥud zu und lasst euer Leben dort, aber dem Propheten (sas) soll nichts zustoßen. Ich schwöre bei Āllāh, sollte ihm etwas zustoßen und ihr kommt alle heil und gesund zurück, dann lasse ich euch nicht in das Haus rein. Ihr werdet euer Leben opfern, um das Leben unseres Propheten (sas) zu schützen.“*

Diese vier Tapferen, die aus dem Hause Sumayras kamen, hatten sich mit einer Liebe bis zum Tode dem Propheten gewidmet, so wie alle Gefährten. Aber Sumayra wollte sie diesbezüglich nur noch einmal warnen und ihnen als eine Mutter nochmal ihre Aufgabe vor Augen führen.

Die Schlacht begann. In der ersten Phase von Uḥud wurde ein zweites Badr erlebt. Doch als der Sieg zum Greifen nah war, verließen die Bogenschützen, die in der Schlucht von ʿAynayn aufgestellt waren, ihre Stellungen und in der zweiten Phase von Uḥud wurde die islamische Armee in alle Richtungen verstreut. In dieser Phase wurde der Löwe des Islam Hamza (r.a.) zu Boden gestürzt, ʿAbdullāh b. Ǧaḥš unter Schwerthieben niedergestreckt, danach fiel Anas b. Nadr, indem er sagte: *„Welche Bedeutung hat eine Welt, in der Muḥammad stirbt.“*

In dem Moment wurde Muṣʿab b. ʿUmayr (r.a.) von Ibn Qamiʾa unter schwersten Schwerthieben zerfetzt, indem er ihn für den Propheten hielt...Genau in dem Moment wurde Uḥud von einer Stimme erfasst. Während Ibn Qamiʾa Muṣʿab b. ʿUmayr, den er für den Propheten hielt, mit seinem unbarmherzigen Schwert zerfetzte, schrie er: *„Muḥammad ist gestorben. Ich habe Muḥammad getötet.“*

Diese Stimme erschütterte Uḥud auf einmal. Viele ließen ihre Schwerter fallen und fielen auf ihre Knie. Die Stimme verbreitete sich Welle für Welle bis nach Medīna. Diese Nachricht, die die medinensischen Frauen erreichte, ließ sie regelrecht zusammenbrechen und viele wussten nicht, was sie machen sollten. Einer dieser Berge, die auch erschüttert wurden, war unsere Mutter Sumayra. Doch um zu erfahren, ob die Nachricht wahr war, fing sie plötzlich an Richtung Uḥud zu rennen, indem sie alles in ihrer Hand fallen ließ.[63]

Als sie sich Uḥud näherte, kamen ihr einige Gefährten entgegen, die sie erkannten, und sagten zu ihr: *„Sumayra! Schau, der Mann, der hier liegt ist dein Vater ʿUbayd. Er ist auf dem Wege Allāhs Märtyrer geworden.“*

Sumayra näherte sich ihrem Vater, der blutüberströmt auf dem Boden lag: *„Möge Allāh den Märtyrertod meines Vaters annehmen. Gebt ihr mir Auskunft über den Propheten (sas)! Wie geht es ihm? Ist ihm etwas zugestoßen?“*

Da sie bis zu diesem Zeitpunkt auch nicht wussten, was dem Propheten (sas) zugestoßen war, sanken sie nur ihren Kopf zu Boden und schwiegen. Sumayra suchte weiter, um eine Auskunft über den Propheten zu erhalten. Währenddes-

---

[63] Ṭabarī: *Tārīḫ*, Bd. III, S. 27

sen erkannten sie wieder einige der Gefährten, brachten den blutverschmierten Körper ihres Mannes Ḥāris vor ihr und sagten: *„Sumayra! Dein Mann Ḥāris ist zum Märtyrer geworden.“*

Unsere Mutter Sumayra sagt mit derselben Charakterstärke: *„Möge Allāh sein Märtyrertod akzeptieren. Könnt ihr mir Auskunft über unseren Propheten (sas) geben? Sagt mir lieber etwas darüber“* und suchte weiter.

Etwas später brachte ein anderer unserer Mutter Sumayra zu den leblosen Körpern ihrer beiden Söhne. Sie wurde alleine gelassen mit ihren beiden Söhnen, einer der schwierigsten Momente für eine Mutter. Muʿaḏ und Muʿawwiḏ, die zu den Löwen der Schlacht von Badr gehörten, lagen mit ihren blutüberströmten Körpern vor ihr. Die Menschen dachten, dass unsere Mutter Sumayra vor Wehklagen gleich aufschreien und wimmern würde, dass sie mit der Fürsorge einer Mutter herzzerbrechende Sachen sagen würde... Doch sie war eine Mutter des Islam. Sie war jemand, deren Herz sich in den Propheten verliebt hatte. Sie war eine Person, die der Welt lehren würde, wie man den Propheten in Wirklichkeit liebte.

In dem Augenblick stand unsere Mutter vor den blutigen Körpern ihrer Söhne und sagte: *„Meine Kinder, auch euch geziemt das hier. Euch geziemte es auf dem Wege Allāhs zu sterben. Meine Milch sei euch Ḥalāl, denn ihr machtet ja das, was euch geziemte“*, und stellte danach dieselbe Frage, nachdem sie die Tränen aus den Augen wischte: *„Wie geht es unserem Propheten? Gibt es eine Auskunft über ihn?“*

Als sie keine Antwort auf ihre Frage erhielt, suchte sie weiter. Eine ganze Weile später sah sie den Propheten, mit einigen Gefährten an seiner Seite am Abhang des Uḥud Berges. Sie rannte sofort dorthin und blieb vor dem Propheten (sas) stehen. Sie rieb ihre Augen, die sich mit Tränen füllten am Ende seines Gewandes, und sagte diesen Satz, der die Welt in Staunen versetzte:

كل مصيبة بعدك جلل يا رسول الله!

„Oh Allāhs Gesandter! Jetzt, wo du am Leben bist, wird mir jeder Schicksalsschlag hiernach leicht kommen.“[64]

Den Propheten, wie Sumayra zu lieben...Den Propheten im wahrsten Sinne des Wortes zu lieben... Die Taten begehen, die der Beweis für die Liebe sein können...Hier also unsere Mutter Sumayra, die uns genau das lehrte. Wir kennen sie nicht nur durch diese Erinnerungen. Was es nicht noch alles in ihrem gesegneten Leben gibt...

Als letztes möchte ich eure Aufmerksamkeit noch auf einen Punkt richten. Der Beiname unserer Mutter Sumayra unter den Gefährten ist: *„Ummu Sabʿatu-š Šuhadā (Die Mutter von sieben Märtyrern)“*[65] Sie hatte ihre drei Söhne mit den Namen ʿAwf, Muʿāḏ und Muʿawwiḏ, die aus ihrer Ehe mit Ḥāris b. Rifāʿ stammten, auf dem Wege Allāhs geopfert. Nach dem Märtyrertod ihres Mannes Ḥāris in der Schlacht von Uḥud, hatte sie mit einem Anṣār mit dem Namen Bukayr b. al-Yāllī al-Qaysī geheiratet. Allāh schenkte ihr aus dieser Ehe vier Söhne mit den Namen ʿĀqil, ʿAmr, Ḫālid und Iyās. Unsere Mutter Sumayya, die es gewohnt war, zu opfern und zu entbehren, hatte diese vier Söhne in den Schlachten von Yamāma, Yarmūk, Qādisiyya und in vielen anderen Schlachten geopfert. Deswegen erhielt sie den Beinamen *„Die Mutter von sieben Märtyrern“* und nahm solch eine Stellung ein,

---

[64] Ibn Hišām: *Sīra*, Bd. III, S. 133

[65] Ibn Ḥaǧar: *al-Iṣāba*, Bd IV, S. 2579

dass viele der Gefährten ein Bittgebet von ihr wollten. Die Liebe unserer Mutter Sumayra, hatte ihr solch eine Stellung eingebracht.[66]

- ***Den Propheten, so wie Nasība zu lieben***

Eine der ehrenwerten Beispiele der Frauen des Aṣr aṣ-Ṣaʿāda ist auch Nasība. Ihr eigentlicher Name ist Umm ʿUmāra bint Kaʿb. Jedoch ist sie mehr durch ihren Namen Nasība bekannt. Der Name *Nasība* kommt aus dem Arabischen vom Wort *Nasab*, das bedeutet „die, die von edler Abstammung ist und die besonders aus der Vaterseite stammt." Aber wir verstehen Nasība nicht nur durch die Bedeutung im Wörterbuch. Wir verstehen Nasība vielmehr folgendermaßen: die, die durch den Īmān geehrt wurde, deren Abstammung der Īmān ist und durch den Īmān von edler Abstammung ist. Wenn dieser Īmān nicht vorhanden wäre, wenn diese große Liebe gegenüber den Propheten (sas), die eine Bedingung bzw. die Ursache des Īmān ist, nicht da wäre, würde sie lediglich als Nasība, die Tochter von Kaʿb, in die Geschichte eingehen. Sie wäre jemand, die einfach nur in der Welt jene Tage gelebt hätte und würde dann zu den Vergessenen gehören. Aber wie wurde Nasība zur Nasība, über die wir noch heute sprechen? Sie wurde zu einem Beispiel, die seit Jahrhunderten Männern und Frauen lehrt, wie man den Propheten (sas) im wahrsten Sinne des Wortes liebt.

Unsere Mutter Nasība (r.a.) war eine Medinenserin und somit von den Anṣār. Sie war von dem Stamme Ḫazraǧ und ist gleichzeitig von dem Stamme Banū Naǧǧār, von dem auch

---

[66] Für mehr Information über ihre Person, siehe: Ibn Ḥaǧar: *al-Iṣāba,* Bd. IV, S. 2579; Ibn Aṯīr: *Usd al-Ġāba*, Bd. VII, S. 194; Ibn Saʿd: *Ṭabaqāt*, Bd. X, S. 225

die Mutter ʿAbdulmuṭṭalibs mit dem Namen Salma bint ʿAmr und die beiden großen Gefährten Asʿad b. Zurāra und Abū Ayyūb al-Anṣārī stammten. Ihr Vater war einer der bekannten Gesichter in Medīna, Māzin b. Naǧǧār, und ihre Mutter, Rabāb bint ʿAbdullāh. Nasība war mit Zayd b. ʿĀsim verheiratet. Sie bekam zwei Söhne aus dieser Ehe mit den Namen ʿAbdullāh und Ḥabīb. Als der Prophet (sas) Muṣʿab nach Medīna schickte, war unsere Mutter Nasība fast 50 Jahre alt. Auch sie lernte den Islam, wie viele andere durch Muṣʿab b. ʿUmayr kennen, nahm den Islam an und fing an den Propheten (sas) zu lieben, wie viele andere Gefährten auch. Wie viele auch, verliebte sie sich in den Propheten, ohne ihn gesehen zu haben. Eigentlich hatte sie sich zunächst in Muṣʿab verliebt. Seine Würde, sein Īmān, seine Opferbereitschaft und sein Mut, hatten sie tief im Herzen getroffen. Unsere Mutter Nasība sagte zu sich selbst: *„Wenn Muṣʿab schon so jemand ist, wie muss dann derjenige sein, der Muṣʿab zu Muṣʿab machte?"*

Mit dieser Neugier und inneren Aufruhr, hielt sie es nur ein Jahr aus und im Monat Ḏū-l Ḥiǧǧa jenes Jahres nahm sie in der Delegation Platz, die nach ʿAqaba ging, um sich mit dem Propheten (sas) zu treffen. Die Delegation, die zum zweiten Treueeid von ʿAqaba ging, umfasste 70 Personen. In dieser 70-köpfigen Delegation, gab es nur zwei Frauen. Eine dieser Frauen war unsere Mutter Nasība und die andere war Asmā bint ʿAmr, die trotz dessen, dass sie zu dem Zeitpunkt im neunten Monat Schwanger war, sich mit auf dem Weg machte und auf einem Teil des Weges ihr Kind gebar.

Als Nasība hinter Muṣʿab Richtung Mekka lief, war ihr Mann Zayd b. ʿĀsim und ihr Sohn ʿAbdullāh b. Zayd auch in dieser glücklichen Karawane. Als es zum großen Treffen in ʿAqaba kam, befand sich unsere Mutter Nasība in der Aufregung den Propheten zu treffen, die sie seit einem Jahr mit sich trug. Als sie den Propheten (sas) sah, erlebte sie keine Enttäuschung. Sie sah den Propheten (sas) mit einem noch leuchtenderen Licht im Antlitz, als es Muṣʿab erzählt hatte. Nachdem dort der Treueeid geleistet wurde, die Versprechen abgegeben wurden, machte Nasība auf dem Rückweg ein Bittgebet. Was für ein Bittgebet sie da ausgesprochen hatte und mit welcher Innigkeit sie das ausgesprochen hatte: es wurde von Allāh, der al-Muǧīb ist (Derjenige, Der die Bittgebete erhört), angenommen. Wisst ihr, welches Bittgebet unsere Mutter Nasība ausgesprochen hatte?

Das war ihr Bittgebet: *„Mein Herr! Fülle mein Herzen mit der Liebe zum Propheten (sas).“*

Es musste einen bestimmten Grund gegeben haben, dass jemand, dessen Herz sowieso schon mit der Liebe zum Propheten gefüllt war, solch ein Bittgebet aussprach. Denn als Nasība, die damals um die 50 Jahre alt war von Medīna nach Mekka ging, tat sie das als jemand, die den Propheten sowieso schon in ihr Herz geschlossen hatte. Bei diesem ersten Treffen wurde ihre Liebe zu dem Propheten noch größer. Deswegen machte Nasība im Grunde bei ihrer Rückreise, wenn man es genau betrachtet ein **Bittgebet der Festigkeit und Beständigkeit**. Was bedeutet das? Der Mensch liebt und insbesondere am Anfang dieser Liebe ist er aufgeregt, möchte denjenigen, den er liebt unbedingt sehen und etwas auf seinem Weg machen. Danach, wenn eine Zeit vergangen ist, wenn er der Person, die er liebt, nahe steht, ihn erobert hat, verfliegt die Aufregung der ersten Tage allmählich. Noch weiter später dann, wird diese Person, die bekommen hat, was sie wollte, hinter etwas Neuem her sein. Und das Bittgebet unserer Mutter Nasība, bei der Rückkehr nach dem Treueeid von ʿAqaba, ist dieses Bittgebet: *„Oh mein Herr! Mache mich nicht zu jemand, der solch einer Liebe überdrüssig wird! Lass die Richtung meiner Liebe vom ersten bis zum letzten Tag nicht abirren. Lass die Aufregung und Liebe der ersten Tage nicht von meinem Herzen weichen!"*

Meint man etwa, dass wenn solch ein Bittgebet aus tiefstem Herzen ausgesprochen wird, es Allāh nicht annehmen wird? Als unsere Mutter Nasība dieses Bittgebet aussprach, war sie um die 50 Jahre alt. Wenn wir auf ihr Leben, das sie auf dem Wege des Īmān verbrachte, blicken, dann können wir folgendes mit aller Ruhe sagen: Die Liebe, die sie am ersten Tag empfand, als sie durch Muṣʿab den Islam kennenlernte, war auch bis zu ihrem letzten Tag dieselbe. Sogar ganz im Gegenteil gibt es eher einen Anstieg in ihrer Liebe und Aufregung und keineswegs eine Verringerung. Denn sie machte dieses Bittgebet aus tiefstem Herzen und Allāh pflanzte diese Festigkeit und Beständigkeit in ihren Herzen ein.

Als Nasība (r.a.), nachdem sie dieses Bittgebet aussprach, in Medīna ankam, war es an der Reihe den Erfordernissen dieser Liebe gerecht zu werden. Es war notwendig, dieses Wort nicht nur als eine Behauptung und ein bloßes Wort zu belassen, sondern es ins Leben zu übertragen. Nun gut, was würde Nasība also machen? Sie würde mit Sicherheit auch das machen, was eine muslimische Frau und die Mutter des Islam machen würde.

Nasība (r.a.) führte einen Haushalt, für das sie verantwortlich war. In diesem Haus befanden sich ihr Ehemann und ihre beiden Söhne. Sie würde jetzt dieses Haus zu einer Schule machen und ihr Haus zu einem Dāru-l Arqam, zu einer Ṣuffa Schule umwandeln. Sie würde die Lehrerin dieses Hauses werden und würde darin Herzen erziehen, die Allāh (swt.) und

Seinen Propheten (sas) lieben würden. Sie würde im Grunde ihre eigentliche Aufgabe ausführen, die es war, eine Mutter zu sein und keineswegs eine Mutterrolle vorzuspielen.

Gut, wisst ihr, wie Nasība ihre Mutterrolle ausführte? Sie hatte ihre Kinder so erzogen, dass sie ihre Mutter in der Liebe zum Propheten überholten. Ihre beiden Söhne wetteiferten miteinander, um an der Schlacht von Badr teilzunehmen. Es gibt eine Meinungsverschiedenheit, ob der große Sohn ʿAbdullāh an der Schlacht teilnahm oder nicht, aber Ḥabīb wurde aufgrund seines jungen Alters zurückgewiesen. Am Tage des Uḥud war ʿAbdullāh mit im Heer, Ḥabīb hingegen wurde wieder aufgrund seines jungen Alters zurückgewiesen. Aber schaut und sieht, dass der kleine Bruder Ḥabīb vor seinem großen Bruder ʿAbdullāh zum Märtyrer wurde. Im 10. Jahr nach der Hiğra schickte der Prophet diesen tapferen Jungen Mann als Bote mit einem Einladungsbrief zu Musaylamatu-l Kaḏḏāb (zu Deutsch: Musaylama der Lügner), der behauptete, ein Prophet zu sein. Musaylama öffnete den Brief, las ihn, danach wandte er sich zu Ḥabīb und sagte: *„Wer hat dich zu mir geschickt?“*

Ḥabīb sagte: *„Der Gesandte Allāhs ist es, der mich zu dir geschickt hat.“*

Musaylama fragte ihn daraufhin: *„Gut, weißt du aber, dass ich auch der Gesandte Allāhs bin?“*

Ḥabīb sagte: *„Ich höre dich nicht.“*

Musaylama wurde sauer und fragte: *„Wie du hörst mich nicht? Hast du nicht vorhin auf meine Frage geantwortet? Ich frage nochmal: Ist Muḥammad der Gesandte Allāhs?“*

Ḥabīb antwortete: *„Ja, ich bezeuge, dass Muḥammad der Gesandte Allāhs ist.“*

Musaylma fragte dann: *„Gut, bin ich der Gesandte Al-*

lāhs?"

Ḥabīb sagte wieder: *„Ich höre dich nicht."*

Eigentlich wollte Ḥabīb, Musaylma spüren lassen, dass seine Ohren gegenüber dem Falschen (Bāṭil) geschlossen sind und nicht, dass seine Ohren ihn nicht hörten. Aber Musaylma, der sein Leben dem Falschen gewidmet hatte, war nicht gerade darauf bedacht, solch ein Verhalten zu begreifen. Dieses Verhalten machte Musaylama rasend vor Wut und er fing an nach jeder Frage ein Körperteil von Ḥabīb abzuschneiden. Trotz dessen antwortete Ḥabīb: *„Muḥammad ist der Gesandte Allāhs"*, nach jedem Körperteil, der ihn abgeschnitten wurde. Er sagte das solange weiter, bis er zum Märtyrer wurde. Ḥabīb ging auf den Märtyrertod zu, indem er zuerst seine Hände, danach seine Arme, danach seine Augen, danach seine Ohren Stück für Stück opferte.[67]

Wer hatte diesen tapferen Jungen Mann, der um die 25 Jahre alt war, diese Liebe eingepflanzt? Von welcher Schule hatte Ḥabīb das gelernt? Aus welcher Bildungsinstitution hatte er diese Bildung? Könnte Ḥabīb solch ein Verhalten zu Tage legen, hätte Nasība ihm diese Liebe als eine Mutter nicht eingepflanzt, hätte sie diese Liebe nicht in seinen Herzen gesät? Habt ihr je darüber nachgedacht, weswegen es in dieser finsteren Welt keine Ḥabībs unter uns gibt, die auf dem Wege des Propheten (sas) zerschnitten werden? Ist die Antwort darauf nicht schon klar?

Weil wir keine Mütter wie Nasība haben, deswegen gibt es keine Ḥabībs... Liegt die Schuld bei den Ḥabībs, also bei den Kindern, oder daran, dass es keine Väter wie

[67] Ibn Hišām: *Sīra*, Bd. II, S. 126

Zayd und Mütter wie Nasība gibt?

Die Nachricht vom Märtyrertod Ḥabībs, erreichte Medīna. Damals fing jeder an über diesen tapferen jungen Mann zu sprechen und ihn als der Yaḥyā (Johannes) dieser Umma zu betrachten. Denn auch er wurde wie Yaḥyā zum Märtyrer, indem er in Teile zerschnitten wurde. Diese schmerzhafte Nachricht erreichte seine Mutter Nasība. Jeder wartete mit Neugier auf die Reaktion dieser Mutter, die damals über 60 Jahre alt war. Was würde Nasība wohl im Angesicht dieser herzzerreißenden Nachricht machen?

Die ersten Worte, die sie sagen würde, als sie die Nachricht vom Tod ihres Sohnes erreichte, wären: *„Alḥamdulillāh. Bin ich etwa jetzt die Mutter eines Märtyrers? Mein Herr, gepriesen und gelobt seist du, dass du mir solch eine Ehre erwiesen hast.“*

Die Liebe unserer Mutter Nasība, ist also solch eine Liebe...

Solch eine Haltung ist es, die sie mit ihrer Herkunft (Nasab) vom Īmān unsterblich machte. Aber die eigentliche Liebe unserer Mutter Nasība werden wir durch ihr Verhalten bei der Schlacht von Uḥud sehen.

Als am Tage des Uḥud, die Soldaten des Islam am Fuße des Uḥud Berges ihre Stellungen bezogen, schickte Nasība an dem Tag ihren Ehemann Zayd b. ʿĀsim und ihren großen Sohn ʿAbdullāh auf das Schlachtfeld von Uḥud und während sie dies tat, gab sie ihnen viele Anweisungen. Sie sagte: *„Schaut, Mekka ist mit einer großen Armee und mit großen Rachegelüsten gekommen. Bitte, lasst nicht zu, dass unserem Propheten etwas zustößt. Ihm soll nichts zustoßen, während ihr am Leben seid.“*

Ihr erinnert euch doch, wo unsere Mutter Sumayra ihren Ehemann, Vater und ihren beiden Söhnen Muʿāḏ und Muʿawwiḏ mit ähnlichen Worten auf das Schlachtefeld schickte und sie sagte doch: *„Sterbt ihr, aber er (sas) soll am Leben bleiben."*

Nasība sagte ähnliche Worte, indem sie sagte: *„Ihm soll nichts zustoßen, während ihr am Leben seid."*

Eigentlich bedeuteten diese Worte nichts anderes als: *„Sterbt ihr, aber er (sas) soll am Leben bleiben."*

Unsere Mutter Nasība schickte ihren Mann und ihren Sohn mit diesen Anweisungen auf das Schlachtfeld von Uḥud und wartete danach auf ihre Abreise. Nasība konnte mit dem Eindruck, den das Bittgebet vor fünf Jahren bei der Rückreise von ʿAqaba bei ihr hinterlassen hatte, nicht einfach auf ihrem Platz sitzen bleiben und sagte zu sich selbst: *„Ist es angebracht für dich Nasība zu Hause sitzen zu bleiben, während der Prophet (sas) in Uḥud auf das Schlachtfeld zuläuft?"*

Sie sagte: *„Ich bin eine Frau, was könnte ich in meiner Situation machen?"*

Indem sie sich sagte: *„Während die Männer ihrer Schwerter schwingen, kann ich die Wunden der verletzten zubinden und den Durstigen Wasser reichen"*, machte sich auf dem Weg zum Schlachtfeld von Uḥud, indem sie noch ein Paar Verbände und einige Eimer Wasser mit sich nahm.

Als Nasība in Uḥud ankam, hatte die Schlacht schon begonnen. So wie die erste Etappe der Schlacht die Muslime erfreute, hatte es auch Nasība erfreut. Die Armee des Islam war dabei die Mekkaner vom Schlachtfeld zu verdrängen. Als die Bogenschützen genau in dem Augenblick ihre Stellungen verließen, geschah, was geschah und jeder auf dem Schlachtfeld musste um sein Leben fürchten... Ḥamza wurde niedergestreckt, ʿAbdullāh wurde niedergestreckt, Muṣʿab wurde niedergestreckt... Als Muṣʿab niedergestreckt wurde, eilte Nasība sofort zu seiner Seite. Sie hatte den Islam durch ihn kennengelernt... Sie war Muṣʿab vieles schuldig und dass Muṣʿab in diesem Schlachtfeld fiel, hatte Nasība innerlich geschmerzt, wie es vielen anderen auch innerlich geschmerzt hatte. Doch Nasība ließ ihrer Trauer und ihren Wehklagen nicht auf dem Schlachtfeld von Uḥud freien Lauf, sie sagte sich vielmehr, dass jetzt weder die Zeit war zu trauern noch für Wehklagen und begriff, dass sie jetzt an der Reihe war zu handeln. Sie nahm das Schwert von der Hand Muṣʿabs, indem sie die Wassereimer in ihrer Hand fallen ließ und versuchte seinen Mörder Ibn Qamiʾa damit zu treffen.[68] Da Ibn Qamiʾa solch einen Mut von einer Frau nicht erwartet hatte, bekam er einige Schläge ab und verließ dann diesen Platz. Denn Ibn Qamīʾa fing an auf dem Schlachtfeld Freudenschreie auszurufen, über den Tod Muḥammads.[69]

Nasība trat sofort in Aktion. Sie fand schnell ihren Sohn ʿAbdullāh und sagte zu ihm: *„Mein Kind! Wir sind nun gefragt, lass uns zu Allāhs Gesandten (sas) rennen, versuchen ihn zumindest zu schützen und vor ihm zu sterben.“*[70]

Als sie ihren Sohn nahm und den Abhang des Uḥuds erreichte, waren lediglich diese Handvoll Gefährten um den Propheten. Als die geradezu wildgewordenen Krieger Mekkas sahen, dass der Prophet nicht gestorben war, fingen sie an sich einzubilden, ihn mit einem letzten Schlag zu beseiti-

---

[68] Ibn Saʿd: *Ṭabaqāt*, Bd. VIII, S. 413

[69] Ibn Hišām: *Sīra*, Bd. III, S. 99; Ṭabarī: *Tarīḫ*, Bd. III, S. 18

[70] Ibn Hišām: *Sīra*, Bd. III, S. 110

gen. Dieser Moment war der Moment Nasības: Sie versuchte die kommenden Angriffe abzuwehren, indem sie sich wie ein Löwe vor ihn stellte mit dem Schwert in der Hand und sich mit ihrem Körper zu einem lebenden Schutzschild vor ihm aufbaute.

Als die wildgewordenen Mekkaner aus jeder Richtung den Propheten (sas) angriffen, legte Nasība ein Verhalten zu Tage, das weit über dem lag, was man von ihr erwartete... Sie erzählte diese Situation in Uḥud höchstpersönlich weiter. Jahre später versammelten sich die jungen Mädchen Medīnas und die Enkel Nasības um sie herum und sagten: *„Erzähle uns von Uḥud!"*

Sie sagte zu ihnen, indem sie ihr Nacken freimachte: *„Hier also ist Uḥud auf meinem Nacken."*

Sie zeigte ihnen die Schwertwunden, die sich tief in ihre Haut eingeschnitten hatten. An jenem Tag hatte Nasība genau an 13 Stellen tiefe Wunden davongetragen und mit dem letzten Schwertschlag, der ihren Hals traf, fiel sie in Ohnmacht.[71]

In diesem schweren Moment, sah der Prophet (sas) unsere Mutter Nasība...Während viele auf diesem Schlachtfeld das Schwert fallen ließen, lief Nasība auf das Schlachtfeld zu, indem sie sich einer dieser gefallenen Schwerter nahm. Der Prophet (sas) sah dieses tapfere Verhalten von ihr und sagte zu einen der Gefährten, der sein Schwert fallen ließ: ***„Gib dein Schutzschild zu Nasība, schau doch wie tapfer sie kriegt!"***[72]

Als Nasība den Schutzschild in die Hand nahm, schien sie über sich hinauszuwachsen und legte ein derart tapferes Verhalten zu Tage, um den Propheten zu schützen, das das Blut in den Adern gefrieren ließ. In dem Moment bekam ihr

---

[71] Ibn Sa'd: *Ṭabaqāt*, Bd. VIII, S. 413; Wāqidī: *Maġāzī*, Bd. I, S. 270

[72] Wāqidī: *Maġāzī*, Bd. I, S. 270

Sohn ʿAbdullāh einen schweren Schwertschlag in den Arm ab. Nasība rannte mit der Fürsorge einer Mutter zu ihrem Sohn, benutzte die Bauchbinde, um seine Wunde zu binden und sagte danach zu ihrem Sohn: *„Los mein Sohn! Jetzt ist nicht die Zeit, um sich auszuruhen, geh und kämpfe vor dem Propheten."*[73]

Nasība sagte nicht etwa: *„Das war's, soviel meinerseits. Warum immer ich? So viele schon haben ihre Schwerter fallen lassen, warum sollte ich weiterkämpfen? Was kann ich als Frau schon ausrichten?"*

Weder benutzte sie eines dieser Wörter, noch schoss dieser Gedanke durch ihren Kopf. Aber was genau sagt sie mit ihrer Haltung und ihren Taten aus? Was will sie sagen? Sie sagt, dass der Liebende auf dem Weg seines Geliebten ist... Sie sagt, dass der Liebende auf dem Weg seines Geliebten stirbt... Sie versucht auf dem Schlachtfeld von Uḥud diese große Behauptung von ihr zu beweisen.

In dem Augenblick, wo jeder um sein eigenes Leben fürchtete, wurde die Nachricht verkündet, dass der Prophet (sas) nicht gestorben war. Die Muslime freuten sich und versuchten sich allmählich zusammenzuraufen. Aber auf diesem Schlachtfeld gab es auch einen finsteren Mann, der vor Wut raste, als er mitbekam, dass der Prophet nicht gestorben war... Es war niemand geringeres als Ibn Qamiʾa, der Mörder von Muṣʿab b. ʿUmayr. Er kam auf den Abhang des Uḥud zugeritten... An diesem Tag kam er, indem er sich zwei Panzerungen überzogen hatte. Weder die Schwertschläge, noch die Pfeile konnten ihn etwas anrichten. Er war ein großer Mann von stämmiger Gestalt. Als Nasības Sohn ʿAbdullāh ihn be-

[73] Ibn Hišām: *Sīra*, Bd. III, S. 110

schreibt, verwendet er folgende Worte: *„Dieser Mann war geradezu so groß, massig und hart wie eine Dattelpalme."*[74]

Ibn Qami'a, der von dieser Gestalt war, näherte sich allmählich dem Propheten (sas), indem er jeden, der ihn in die Quere kam, niederstreckte, mit dem einzigen Ziel ihn (sas) zu töten. In dem Augenblick war wieder Nasība die Erste, die sich ihm entgegenstellte. Unsere Mutter Nasība baute sich vor dem Propheten (sas) zum lebendigen Schutzschild auf, indem sie förmlich sagte: „Du kannst diese Stelle hier nicht passieren, ohne mich zuvor durchbrochen zu haben." Ibn Qami'a, der viele schon durchbrochen und passiert hatte, konnte Nasība einfach nicht durchbrechen. War denn Nasība keine Frau? Mit welch einer Kraft konnte sie vor diesem Unterdrücker stehen? Woher hatte sie diese Kraft und Ausdauer getankt? Das einzige, was Nasība so hartnäckig vor Ibn Qami'a stehen ließ, war einzig und allein die Liebe, die sie in ihrem Herzen trug. Sie kämpfte förmlich wie ein Löwe in diesem Schlachtfeld mit der Liebe, die sie im Herzen trug.

Sie wurde verwundet und war vor Erschöpfung zusammengebrochen. Der Prophet (sas) sah mit Bewunderung zu Nasība und sagte: ***„Wer schafft das gleiche zu vollbringen, wie Nasība? Wer schafft das gleiche zu ertragen, was sie ertrug?"***[75]

Später dann, als der Prophet (sas) von Uḥud sprach, würde er immer folgendes sagen: ***„Bei Allāh! Wohin ich auch am Tage der Schlacht von Uḥud sah, habe ich Nasība gesehen. Sie war überall, zu meiner Rechten, meiner Linken,***

[74] Wāqidī: *Maġāzī*, Bd. I, S. 270

[75] Wāqidī: *Maġāzī*, Bd. I, S. 269

vor mir und hinter mir.“[76]

Nach diesem ganzen Hin und Her im Schlachtfeld von Uḥud, würde der Prophet zu Nasība's Sohn ʿAbdullāhs folgendes sagen: ***„Möge Allāh euch und euer Volk segnen. Bei Allāh, die Stellung deiner Mutter ist höher als die Vieler. Viel höher und viel besser. Möge Allāh sich euch erbarmen.***“[77]

Als unsere Mutter Nasība diese Worte hörte, kam sie mit folgendem Wunsch zu unserem Propheten, indem sie sich sagte, dass jetzt genau der richtige Zeitpunkt dafür ist: *„Oh Gesandter Allāhs! Bitte Allāh darum, dass ich gemeinsam mit dir im Paradies bin, dass ich dein Nachbar bin.“*

Daraufhin hob der Prophet (sas) seine Hände und sagte: ***„Mein Herr! Mache diese beiden zu meinen Freunden und Nachbarn im Paradies.***“[78]

Nasība war so sehr glücklich diese Worte aus dem Munde des Propheten (sas) höchstpersönlich gehört zu haben, dass sie folgendes unter Tränen sagte: *„Was könnte ich noch in dieser Welt wollen, das war doch das, was ich wollte. Was auch immer mir hiernach zustoßen sollte, ich werde nicht betrübt sein. Was auch immer passieren sollte, ich werde nichts Bedeutung beimessen.“*[79]

So eine war also unsere Mutter Nasība, mit der edlen Īmān-Herkunft. Sie hatte unseren Propheten (sas) auf diese Weise geliebt. Sie hatte am ersten Tag des ʿAqaba ein Versprechen abgegeben und der Welt eingestanden, dass sie den Propheten (sas) liebte. Von diesem Tag an stand sie immer

[76] Ibn Ḥağar: *al-Iṣāba*, Bd. IV, S. 2730

[77] Ibn Saʿd: *Ṭabaqāt*, Bd. VIII, S. 413; Wāqidī: *Maġāzī*, Bd. I, S. 269

[78] Ibn Saʿd: *Ṭabaqāt*, Bd. VIII, S. 413; Wāqidī: *Maġāzī*, Bd. I, S. 269

[79] Ibn Saʿd: *Ṭabaqāt*, Bd. VIII, S. 413; Wāqidī: *Maġāzī*, Bd. I, S. 269

hinter dieser Liebe. Ihr Leben verbrachte sie ständig damit, irgendetwas auf dem Weg ihres Geliebten zu opfern. Sie hatte sich in Uḥud auf dem Wege dieser Liebe geopfert. Später dann schickte sie zu allen Schlachten ihre Kinder, die ein Teil von ihr waren und sagte niemals: "Jetzt reicht es aber." Sie hatte ihren Sohn Ḥabīb und ihren Mann Zayd b. ʿĀsim auf dem Wege Allāhs geopfert. Nach ihr würde ihr Sohn ʿAbdullāh, gegen die unterdrückenden Stadthalter (Wālī) der Ummayyaden aufbegehren, dessen Aufstand unter dem Namen „die Ereignisse von Ḥarra" in die schmerzhaftesten Seiten der islamischen Geschichte eingehen würden und am Ende würde auch er dann als Märtyrer von dieser Welt scheiden.[80] So eine Familie war also die Familie Nasības, also eine Familie der Aufopferung. Eine Familie, die liebte und sich auf dem Weg des Geliebten aufopferte.[81]

Wir konnten von den auserlesenen Helden des Aṣr aṣ-Ṣaʿāda nur ein Bündel von Beispielen präsentieren. Natürlich kann man noch sehr lange über ihre Liebe zum Propheten (sas) erzählen. Natürlich ist ihre Liebe nicht nur auf diese Gefährten hier begrenzt... Wir möchten uns damit begnügen und uns folgende Frage stellen: Die Gefährten hatten den Propheten (sas) bis zum Tode geliebt. Was war aber einer der wichtigsten Gründe, für solch eine Liebe? Über die Gründe lässt sich vieles sagen, doch der Punkt auf dem wird die Aufmerksamkeit richten möchten, ist folgender:

„Nur derjenige, der tatsächlich liebt, wird auch tatsäch-

---

[80] Für mehr Informationen über seine Person, siehe: Ibn Ḥaǧar: *al-Iṣāba*, Bd II, S. 1002ff.; Ibn Aṯīr: *Usdu-l Ġāba*, Bd. III, S. 250ff.

[81] Für mehr Informationen über unsere Mutter Nasība (r.a.), siehe: Ibn Ḥaǧar: *al-Iṣāba*, Bd IV, S. 2729f.; Ibn Aṯīr: *Usdu-l Ġāba*, Bd. Ibn Aṯīr: *Usdu-l Ġāba*, Bd. VII, S. 360; Ibn Saʿd: *Ṭabaqāt*, Bd. VIII, S. 413ff.

lich geliebt.“

Wenn der Prophet seine Gefährten nicht bis zum Tode geliebt hätte, würden die Gefährten ihn niemals bis zum Tode lieben. Das heißt, dass einer der wichtigsten Gründe für solch eine Liebe, die Liebe unseres Propheten (sas) zu seinen Gefährten war. Daher kommt und lasst uns versuchen auf die Frage: *„Wie hat der Prophet (sas) die Gefährten geliebt?“*, eine Antwort zu finden.

III. Kapitel

Wie hat der Prophet (sas) die Gefährten geliebt?

Wie hat der Prophet (sas) die Gefährten geliebt?

Wohin die tiefe Liebe und Zuneigung der glücklichen Generation zum Propheten (sas) geführt hat, die unter der Obhut seiner gesegneten Hände (sas) erzogen wurden, haben wir gemeinsam gesehen. Einer der wichtigsten Gründe für ihre tiefe Zuneigung war ohne jeden Zweifel der Prophet (sas), der auch eine tiefe Zuneigung und Liebe zu ihnen empfand. Dadurch haben wir eine Grundregel von der Liebe unseres Propheten gelernt und dies ist sie:

„Derjenige, der liebt, wird geliebt.“

Wenn der Prophet seine Gefährten nicht bis zum Tode geliebt hätte, würden die Gefährten ihn niemals auf diese art und Weise lieben. War es sowieso nicht dieser Lehrer, der den Gefährten diese Liebe lehrte? Er hatte seinen Gefährten alles gelehrt, sie hatten sogar ihn zu lieben von ihm gelernt. Es ist uns möglich, etliche Beispiele in unseren Ḥadīṯ- und Sīrabüchern diesbezüglich zu finden. Einige dieser Beispiele werden wir mit euch teilen.

Lasst uns die Liebe unseres Propheten (sas) zu seinen Gefährten mit einem Bittgebet beginnen. Eines Tages würde der Prophet seinen Herrn so anflehen: ***„Oh Allāh! Überlasse meine Gefährten nicht mir, denn ich bin nicht dazu imstande auf sie zu achten, so wie es ihnen gebührt. Überlasse sie auch nicht sich selbst, denn sie sind nicht dazu imstande auf sich zu achten. Überlasse sie auch nicht anderen, denn sie können ihren Wert nicht ganz begreifen, sie werden sich selbst meinen Gefährten vorziehen und ihnen Unrecht antun.“***[1]

Von diesem Flehen in dem Bittgebet des Propheten (sas) verstehen wir sehr gut, mit welch einer Liebe er sie liebte. Er liebte seine Gefährten so sehr, dass er trotz dieser Liebe ihnen gegenüber Zweifel in sich hegte, ihren Wert nicht ganz verstanden zu haben, so dass er sie direkt Allāh (swt.) anvertraute, indem er sie von sich, von ihnen selbst und von anderen entbehrt.

So eine Liebe war es, die die Gefährten dazu veranlasste, dem Propheten zu sagen:

فداك ابي و امي يا رسول الله

„Mein Vater und meine Mutter seien dir geopfert, Oh Gesandter Allāhs!“

Er war auch der wichtigste Grund, den Erfordernissen dieser Worte gerecht zu werden...

---

[1] Ahmad b. Ḥanbal: *Musnad*, 7/288; Abū Dāwūd: *Ǧihād*, 35

Tausende von Gefährten haben ihre Mütter, Väter, sich selbst und alles, was sie besaßen, auf dem Wege des Propheten (sas) geopfert. Manchmal haben sie das auch mit einem Satz, wie der oben, kundgetan. Dieser Satz ist keineswegs ein Satz, der einfach so daher gesagt wurde. Es ist kein Satz, der einfach aus Angewohnheit benutzt wurde, wie wir das manchmal für uns gegenseitig tun, indem wir bspw. sagen: *„Ich sei dir geopfert (Kurban olayım).“*

Es war ein Satz, deren Erfordernissen man gerecht wurde, nachdem er ausgesprochen wurde, wenn die Zeit und der Ort dafür gekommen waren. Nun gut, hatte aber der Prophet (sas) diesen Satz je für einen seiner Gefährten benutzt? Ja, das hat er: Soweit wir feststellen konnten, hat auch unser Prophet (sas) diese Worte an zwei Stellen für zwei verschiedene Gefährten benutzt. Ist es nicht bedeutungsvoll, dass unser Prophet diesen Satz, den tausende seiner Gefährten für ihn benutzten, auch für zwei seiner Gefährten benutzte?

Einer dieser glücklichen Gefährten ist Saʿd Ibn Abī Waqqās, den der Prophet (sas) so vorstellte: ***„Wer hat noch so einen Onkel, zeigt es mir!“***[2]

Im gewaltigsten Moment der Schlacht von Uḥud, stellte sich Saʿd Ibn Abī Waqqās vor den Propheten (sas) und baute sich vor ihm zum lebendigen Schutzschild auf, damit ihm (sas) nichts zustieß. Mit einem Pfeil in der Hand, tat er, was er konnte, um die Feinde abzudrängen. Während Saʿd die Pfeile warf, sammelte der Prophet die Pfeile, die hinter ihm fielen auf, reichte sie Saʿd und sagte:

ارم يا سعد ! فداك ابي و امي

[2] Tirmiḏi, 3752

„Wirf Saʿd! Mein Vater und meine Mutter seien dir geopfert!“[3]

Genauso wie keiner der Gefährten diese Worte einfach so sagte, hatte es auch der Prophet (sas) nicht getan. Wenn sie *„Mein Vater und meine Mutter seien dir geopfert“* sagten, dann opferten sie wirklich, wenn der Zeitpunkt dafür gekommen war, ihre Mutter, ihren Vater, ihren Ehepartner, ihre Kinder, ihr Vermögen, also alles, was sie hatten und besaßen, auf dem Wege des Propheten. Die Beispiele hierfür wurden im vorangegangenen Kapitel erwähnt. Genauso wie keiner der Gefährten diese Worte einfach so sagte, hatte es auch nicht der Prophet (sas) einfach so gesagt. Wenn der Zeitpunkt dafür gekommen war, hielt er sich nicht für einen Augenblick zurück, um alles, was er hatte und besaß, für seine Gefährten zu opfern. Wie das war, werden wir in den kommenden Seiten sehen.

Der zweite glückliche Gefährte, für den der Prophet (sas) diese Worte benutzte, war der Sohn seiner Tante Ṣafiyya, mit dem Namen Zubayr b. ʿAwwām. Das Ereignis hierzu überliefert uns sein Sohn ʿAbdullāh b. Zubayr (r.a.):

„Am Tage der Grubenschlacht (Yaum al-Aḥzāb), wurden ich und ʿUmar b. Abī as-Salama, weil wir noch Kinder waren, bei den Frauen zurückgelassen. Ich schaute und sah, wie mein Vater auf seinem Pferd zwei oder drei Mal zum Stamme der Banū Qurayẓa hin und her ging. Als er nach Hause zu uns zurückkehrte, sagte ich: *„Mein Vater! Ich sah dich, wie du zum Stamme Banū Qurayẓa hin und her gingst.“*

Mein Vater fragte: *„Hast du mich so gesehen, mein Kind?“*

Ich sagte: *„Ja.“*

---

[3] Tirmiḏi, 3751

Mein Vater sagte: „Der Prophet (sas) fragte: ***„Wer geht zu den Banū Qurayẓa und überbringt mir Nachrichten von ihnen?“*** Ich sagte daraufhin *„Ich, Allāhs Gesandter!“*, und habe diese Aufgabe übernommen, daher bin ich immer hin und zurück geritten. Als ich zurückkehrte, sagte der Prophet (sas), indem er seine Mutter und seinen Vater auf einmal erwähnte: ***„Meine Mutter und mein Vater seien dir geopfert!“***[4] Diese Worte waren das größte Geschenk, das Zubayr b. ʿAwwām erhalten konnte und das größte Ereignis seines Lebens.

Wenn wir im Lichte dieser beiden Beispiele nochmal folgende Frage stellen: Die Gefährten opferten, als sie diese Worte gegenüber unseren Propheten (sas) benutzten, alles, was sie hatten auf dem Weg des Propheten (sas), wenn der Zeitpunkt dafür gekommen war. Was machte der Prophet alles für seine Gefährten, im Anbetracht der Erfordernisse dieser Worte? Was lässt sich hierüber sagen? Sicherlich lässt sich vieles sagen... Wir werden insbesondere zum Tage des Ḥudaybiyya gehen und versuchen über ein Bild, die Liebe unseres Propheten zu seinen Gefährten zu verstehen.

Im 6. Jahr nach der Hiǧra machte sich der Prophet mit 1400 Gefährten, nachdem er einen Traum gesehen hatte, auf den Weg von Medīna nach Mekka, indem sie sich den Iḥrām übergezogen, um die ʿUmra (kleine Pilgerfahrt) zu vollziehen. Noch am Anfang des Weges sagte ʿUmar (r.a.): *„Oh Gesandter Allāhs! Wir machen uns mit leeren Händen in diesem Weihezustand auf den Weg, aber wir wissen nicht, was diese Männer vorhaben. Wäre es nicht besser, wenn zumindest jeder von uns ein Schwert mit sich nimmt?“*

---

[4] Buḫārī: *Faḍāil Aṣḥāb an-Nabiyy*, 15; Muslim, 1879; Tirmiḏī, 3745

Der Prophet (sas) akzeptierte diesen Vorschlag von ʿUmar (r.a.) und man machte sich auf den Weg, indem jeder einen Schwert mit sich trug.[5]

Als diese Karawane in Ḥudaybiyya rastete, einem zu Mekka nahegelegenen Ort, beschlossen die Mekkaner dieser Gruppe, die einzig und allein beabsichtigte, die ʿUmra zu vollziehen, keinen Zutritt zu gewähren. Um dieses Problem auf friedlichem Wege zu lösen, wollte der Prophet ihnen einen Abgesandten schicken, der in Mekka etwas gut hatte. Auch wenn der Prophet zunächst an ʿUmar (r.a.) dachte, schickte er ʿUṯmān (r..a) zu ihnen.[6] ʿUṯmān würde zu seinem Cousin Abū Sufyān gehen, der damals der politische Führer Mekkas war, ihm erklären, weswegen sie gekommen waren und versuchen das Problem zu lösen, ohne weitere Schwierigkeiten zu bereiten. Als sich ʿUṯmān (r.a.) auf dem Weg nach Mekka machte, sagten einige Gefährten: *„Wie schön für ʿUṯmān. Er wird die Kaʿba vor uns sehen!"*

Als der Prophet (sas) diese Worte hörte, sagte er: ***„Wenn ʿUṯmān der ʿUṯmān ist, den ich kenne, wird er niemals die Kaʿba sehen, bevor ich sie gesehen habe."***[7]

ʿUṯmān (r.a.) hatte aufgrund dessen, dass er sich an der Auswanderung nach Ḥabaša beteiligte, seine Heimat, wo er geboren wurde und aufwuchs, und insbesondere die Kaʿba nun seit 13 Jahren schon nicht mehr gesehen. Aber der Prophet (sas), der ʿUṯmān (r.a.) sehr gut kannte, wusste, welch

---

[5] Waqidī: *Maġāzī*, Bd. II, S. 573

[6] Ibn Hišām: *Sīra*, Bd. III, S. 329

[7] Waqidī: *Maġāzī*, Bd. II, S. 601f.

eine Charakterstärke er besaß.

Als ʿUṯmān in Mekka ankam, hatte ihm Abū Sufyān, der sein Cousin war, sehr freundlich empfangen. Nachdem er ihn Einigen anbot, sagte er: *„ʿUṯmān! Es sind schon Jahre vergangen, in denen du die Kaʿba nicht sehen konntest. Geh und umrunde die Kaʿba (Tawāf), dann komm zurück und lass uns sprechen."*

ʿUṯmān sagte auf diese Worte: *„Bei Allāh! Oh Abū Sufyān! Solange der Gesandte Allāhs und die Gläubigen die Kaʿba nicht gesehen haben, werden meine Augen niemals die Kaʿba sehen."*[8]

Diese unerwartete Antwort erschütterte Abū Sufyān und er wusste nicht, was er sagen sollte.

Danach würde er ʿUṯmān unter verschiedenen Vorwänden drei Tage in Mekka festhalten. Als sich die Rückkehr ʿUṯmāns verspätete, würde der Prophet (sas) sich Sorgen machen. Danach würde ihn eine Nachricht erreichen. Die Nachricht, die kam, wäre eine bittere Nachricht. Dieser Nachricht nach, hätte Mekka, ʿUṯmān zum Märtyrer gemacht. Als dies unser Prophet hören würde, würde er ganz anders reagieren.

Die Reaktion unseres Propheten in dem Augenblick, ist ein wichtiges Beispiel, das uns das Ausmaß der Liebe unseres Propheten zu seinen Gefährten lehrt. Wäre er einfach nur ein gewöhnlicher Kommandant, wäre es klar, was er machen würde: Mit dieser Gruppe, die sich im Weihezustand befand und nur ein Schwert mit sich trug, könnte man nichts ausrichten. Das Mindeste, was man hätte tun können, wäre den Rückweg anzutreten, dann, nachdem die Vorbereitungen ab-

---

[8] Ibn Hišām: *Sīra*, Bd. III, S. 329; Ahmad b. Ḥanbal: *Musnad*, 4/324

geschlossen waren, zurückzukehren und sich für den getöteten Abgesandten zu rächen. Unser Prophet tat das aber nicht. Er rief jeden einzelnen der Anwesenden 1400 Personen zu sich und nahm von ihnen den Treueschwur unter dem Baum Samūra ab, als lehrte er gerade, wie man seine Freunde und seine Nächsten zu lieben hatte.

Wofür war dieser Treueschwur? Um den vermeidlichen Tod ʿUṯmāns nicht ungesühnt zu lassen, sagte er Prophet (sas) sofort, nachdem er diese Nachricht erhielt: ***„Steht auf oh ihr Muslime! Es ist eine Pflicht ʿUṯmāns Blutrache zu nehmen!"***[9], und wollte deswegen von allen Anwesenden die Treueschwur. Alle 1400 Anwesenden leisteten die Treueschwur. Nachdem sie ihn geleistet hatten, reichte der Prophet (sas) seine linke Hand und hob seine rechte Hand nach oben und sagte: ***„Das hier ist meine Hand und das hier ist die Hand ʿUṯmāns... Ich leiste im Namen ʿUṯmāns die Treueschwur."***[10]

Als die Gefährten die Liebe und Gefühle des Propheten zu seinem Gefährten sahen, machten sie folgendes Eingeständnis: *„Wären wir doch an der Stelle ʿUṯmāns. Wären wir doch der Getötete, auf dass uns die Ehre zuteil wäre, dass der Gesandte Allāhs an unserer Stelle die Treueschwur leistet."*[11]

Die Reaktion unseres Propheten (sas) in dieser Situation, ist einer der besten Beispiele, dass das Ausmaß seiner Liebe zu seinen Gefährten zeigt. Weil der Prophet seinen Gefährten

---

[9] Waqidī: *Maġāzī*, Bd. II, S. 603

[10] Ahmad b. Ḥanbal: *Musnad*, 2/120

[11] ʿAbdullāh b. ʿUmar würde sogar noch folgendes sagen: *„Bei Allāh! Die Hand, die der Gesandte Allāhs für ʿUṯmān ausstreckt, ist viel besser als die Hand, die ʿUṯmān für sich selbst ausgestreckt hätte."* Siehe: Ibn ʿAbdilbarr; *al-Istīʿāb*, Bd. III, S. 156

zeigte, dass er bereit war, für sie zu sterben, und dies oft unter Beweis gestellt hatte, liefen auch die Gefährten, ohne mit der Wimper zu zucken, für ihn auf den Tod zu. Am Ende kehrte ʿUṯmān heil zurück und in Ḥudaybiyya hatten auch andere Abgesandte angefangen ein und auszugehen.

Der dritte Abgesandte, den Mekka schickte, war einer der angesehensten diplomatischen Vertreter dieser Region mit den Namen: ʿUrwa b. Masʿūd aṯ-Ṯaqafī. Diese Person war sehr bekannt und von großer Bedeutung. Welche Stellung er besaß, verstehen wir viel besser durch einen Vers, der im Qurʾān erwähnt wird. Die Leute dieser Region sagten:

„Und sie sagten: Warum ist dieser Quran nicht zu einem angesehenen Mann aus den beiden Städten herabgesandt worden?“[12]

Es wird gesagt, dass einer der beiden angesehenen Männer, von denen im Vers die Rede ist, ʿUrwa b. Masʿūd aus Ṭāif ist und der andere der Mekkaner Walīd b. Muġīra.[13] So ein Ansehen hatte ʿUrwa in der Region, also jemand, für den die Menschen sogar das Prophetentum geeignet hielten. Diese Person wurde als der dritte Abgesandte seitens der Mekkaner nach Ḥudaybiyya geschickt. Nachdem sich ʿUrwa mit dem Propheten (sas) traf, kehrte er nach Mekka zurück. Das waren die Worte, die er den Mekkanern bei seiner Rückkehr sagte:

„Oh mein Volk! Bei Allāh, ich habe bis heute Kisrā, Kaiser, Naǧāšī und noch viele viele mehr gesehen. Aber ich habe keine Gemeinschaft gesehen, die so in Muḥammad verliebt war, wie seine Gemeinschaft. Wenn er redete, sanken sie ihr

[12] Sūra az-Zuḫruf 43:31

[13] Ibn Hišām: *Sīra*, Bd. I, S. 361

Häupter zu Boden, als säßen Vögel auf ihren Köpfen und hörten zu. Wenn er etwas befahl, dann wetteiferten sie förmlich, um seinen Befehl auszuführen. Wenn er spuckte, öffneten sie ihre Handfläche, damit seine Spucke nicht zu Boden fiel. Seine Gemeinschaft ist ein Volk, das sich fast gegenseitig mit Füßen tritt, um etwas von seinem Wasser abzubekommen, wenn er seine rituelle Waschung (Wuḍū') durchführt... Kommt lasst uns seinen Vorschlag annehmen, ansonsten werdet ihr es nicht mit ihm und seinen Gefährten aufnehmen können."[14]

Das, was 'Urwa im Innersten traf, war die Liebe der Gefährten zum Propheten. Und der Grund für solch eine Liebe der Gefährten, war mit Sicherheit die Liebe, Hingabe und Zuneigung des Propheten (sas) zu ihnen.

Ich möchte ein weiteres Beispiel anführen, damit man diese Liebe besser verstehen kann. Wenn wir heute die Ḥadīṯ- und Sīrabücher aufschlagen, werden wir feststellen, dass es sehr wenige Verwünschungen und Flüche im Leben unseres Propheten (sas) gibt. Vielleicht sind die ganzen Verwünschungen und Flüche, die er in seinem 23-jährigen Leben als Prophet machte, an einer Hand abzuzählen. Eines dieser Flüche sprach er z. B. für seine Feinde in der Grabenschlacht aus, die ihn am Gebet hinderten.[15] Und einen anderen dieser Flüche sprach er für den Sohn seines Onkels Abū Lahab, 'Utayba,

---

[14] Ibn Hišām: *Sīra*, Bd. III, S. 328; Ahmad b. Ḥanbal: *Musnad*, 4/324; Ṭabarī: *Tārīḫ*, Bd. III, S. 75

[15] ***„Oh mein Herr, der das Buch herabsendet und die Wolken treiben lässt! Verstreue die Scharen, die sich gegen den Islam versammelt haben! Lasse sie eine Niederlage davontragen! Helfe uns ihnen gegenüber und gebe uns den Sieg. Lass sie ihre Zelte über ihre Köpfe zusammenbrechen und erschüttere sie...“*** Siehe: Buḫārī: *Kitābu-l Ǧihād wa-s Siyar*, 60, 73; Ahmad b. Ḥanbal: *Musnad*, 4/353

aus.[16]

Wie wir schon in den vorangegangenen Seiten erwähnten, kamen einige Stämme aus der Nağd Region im Monat Ṣafar des 4. Jahres nach der Hiğra zum Propheten, um einige Lehrer zu verlangen, die ihnen den Islam lehren sollten. Trotz der Zweifel, die der Prophet in sich trug, überstieg seine Liebe zur Daʿwa und Tablīġ seine Zweifel und so schickte er eine Delegation von Qurʾānlehrern unter der Führung von Mundir b. ʿAmr (r.a.) in diese Region. Dieser unterdrückerische und hinterlistige Stamm würde jeden dieser Qurʾānlehrer, bis auf einen, mit einem hinterlistigen Hinterhalt zu Märtyrern machen. Der einzige, der sich retten konnte, sollte ʿAmr b. Umayya sein und er sollte dem Propheten diesen bitteren Vorfall schildern. Könnt ihr euch vorstellen, wie es dem Propheten angesichts dieses Ereignisses erging?

Während sogar der Stich eines Dornes am Fuße seiner Gefährten ihn (sas) traurig machte, wurden jetzt 40 oder 70 seiner Freunde zum Opfer eines Hinterhalts und sie waren nun tot. Wisst ihr, was unser Prophet nach diesem Ereignis machte?

Ibn ʿAbbās (r.a.) überliefert uns: „Nachdem der Gesandte Allāhs (sas) von den Vorfällen mitbekam, sprach er ein Monat hintereinander nach jedem Nachmittag-, Abend- und Nachtgebet einen Fluch über die Stämme Banū Sulaym, Banū Zaqān und Banū Riʾāl aus, indem er sich nach der letzten Gebetseinheit aufrichtete, „Samiʿ Allāhu li-man Ḥamidah! (Allāh erhört dem, der Ihn preist!)" sagte, sie dann verfluchte; und die hinteren sagten „Āmīn."[17]

In einer dieser Verwünschungen sagte er manchmal: ***„Oh***

---

[16] Diyārbakrī: *Tārīḫu-l Ḫamīs*, Bd. I, S. 169

[17] Ibn Saʿd: *Ṭabaqāt*, Bd. II, S. 53; Ahmad b. Ḥanbal: *Musnad*, 3/109

Allāh! Rette Walīd b. Walīd, Salama b. Hišām, ʿIyāš b. Abī Rabīʿ und die Schwachen unter den Gläubigen. Mein Herr! Erhöhe deinen Druck auf den Stamm Mudār. Gib ihnen eine Hungersnot, so wie sie zur Zeit des Propheten Yūsuf herrschte!", und noch Vieles Vieles mehr...[18]

Das, was den Propheten (sas) derart verärgerte, ihn dazu veranlasste, diese Verwünschungen auszusprechen, war einzig und allein seine tiefe Liebe, Zuneigung und Hingabe, die er zu seinen Gefährten empfand. Kommt! Lasst uns diese Liebe etwas näher betrachten, indem wir sie auf einige Namen konkretisieren.

- ***Die Liebe des Propheten zu Abū Bakr***

Die Liebe des Propheten (sas) zu Abū Bakr (r.a.) zu erzählen, ist mindestens so schwer, wie die Liebe Abū Bakrs zum Propheten zu erzählen. Denn tatsächlich liebte der Prophet seinen aufrichtigen Freund sehr und hatte immer eine besondere Bindung zu ihm. Unser Prophet bestritt die 13 schwierigsten Jahre in Mekka mit ihm gemeinsam und machte ihn zum Weggefährten bei der Auswanderung. Welch eine Position Abū Bakr (r.a.) in der Welt des Propheten (sas) hatte und wie sehr er (sas) ihn (r.a.) liebte, können wir anhand dieses Ḥadīṯes, das von Abū Huraira (r.a.) überliefert wurde, besser verstehen:

„Wer uns bisher einen Gefallen getan hat, dem haben wir seinen Gefallen wiedergutgemacht, außer Abū Bakr ausgenommen. Er hat uns immer geholfen. Seinen Lohn wird ihm Allāh am Tage des Jüngsten Gerichts geben. Denn kein Vermögen hat mir so viel Nutzen gebracht, wie das Ver-

---

[18] Buḫārī: *Kitābu-l Istisqā*, 2,3

mögen Abū Bakrs. Hätte ich mir unter den Menschen einen Freund ausgesucht, dann wäre das mit Sicherheit Abū Bakr. Denn er ist der Freund Allāhs."[19]

Allein diese Worte des Propheten (sas) reichen schon aus, damit wir verstehen können, wie sehr er Abū Bakr liebte. Doch der Prophet hat seine Liebe ihm gegenüber in mehreren Ḥadīṯen zur Sprache gebracht. Einen dieser Ḥadīṯe werden wir noch erwähnen:

Eines Tages gab es zwischen Abū Bakr (r.a.) und ʿUmar (r.a.) eine kleine Auseinandersetzung wegen einer Angelegenheit. Als dies dem Propheten (sas) zu Ohren kam, wurde er traurig und er fing sofort an die Vorzüge Abū Bakrs aufzuzählen: ***„Als mich Allāh zu euch als Propheten schickte und ihr alle mich leugnetet, hatte mich Abū Bakr als einziger bestätigt und stand mir mit seinem Leben und Vermögen zur Seite.“***

Danach sagte der Prophet folgendes:

هل انتم تارك لي صاحبي؟

„Wollt ihr meinen Freund nicht mir überlassen?“[20]

Allein der letzte Satz schon ist einer der wichtigsten Überlieferungen, die uns die Liebe des Propheten zu Abū Bakr zeigen.

- ***Die Liebe des Propheten (sas) zu ʿUmar (r.a.)***

Wir alle wissen, in welchem Ausmaß der Prophet (sas) ʿUmar (r.a.) liebte. Diese Liebe hatte sogar schon zur Zeit der

---

[19] Tirmiḏī, 3661

[20] Buḫārī: *Faḍāilu-l Aṣḥāb*, 192

Ǧāhiliyya angefangen und wurde sogar ein Grund dafür, dass ʿUmar den Islam annahm. Der Prophet sprach für die Rechtleitung jener Bittgebete aus, von denen er wusste, dass ihnen die Kleidung des Īmān sehr gut stehen würde. Einer von ihnen war ʿUmar (r.a.). Der Prophet (sas) sprach folgendes Bittgebet aus: ***„Mein Herr! Stärke den Islam mit einen der zwei ʿUmar"*** ,und das löste die inneren Fessel im Herzen ʿUmars.[21] Mit einen der zwei ʿUmar war zum einen ʿUmar gemeint und zum anderen sein Onkel ʿAmr b. Hišām, also Abū Ǧahl.

Lasst uns ein Beispiel geben, wie sehr der Prophet ʿUmar liebte. Eines Tages sagte ʿUmar zum Propheten: *„Oh Gesandter Allāhs! Wenn du es mir erlauben solltest, dann möchte ich die kleine Pilgerfahrt (ʿUmra) ausführen."*

Daraufhin lächelte der Prophet (sas), ohne ein Wort zu sagen. ʿUmar (r.a.) sagt: *„Würde man mir als Ersatz zum Lächeln des Propheten die ganze Welt geben, hätte ich mich nicht derart gefreut."*[22]

Das war einer der Spuren der Liebe, die der Prophet (sas) bei seinen Gefährten hinterließ.

- ***Die Liebe des Propheten zu ʿUṯmān***

Wie sehr der Prophet (sas) ʿUṯmān (r.a.) liebte, haben wir schon im Beispiel von Ḥudaybiyya gesehen. Aber speziell auf die Liebe zu ʿUṯmān bezogen, können wir folgendes Beispiel geben. Als die Sūra Tabba offenbart wurde, hatte sein Onkel, der förmlich vor Wut raste, von seinen beiden verlobten Söhnen ʿUtba und ʿUtayba verlangt, ihre Verlobung aufzulösen.

---

[21] Ahmad b. Ḥanbal: *Musnad*, 2/95; Tirmiḏī, 3681; Ḥākim: *Mustadrak*, 3/83

[22] Abū Dāwūd, 1498; Tirmiḏī, 3562

Sie waren mit den beiden Töchtern des Propheten Ruqayya (r.a.) und Umm Kulṯūm (r.a.) verlobt. Als diese Verlobung aufgelöst wurde, hielt ʿUṯmān um die Hand einer der beiden an und der Prophet (sas) gab ihm unsere Mutter Ruqayya (r.a.) zur Frau. Sie führten eine sehr glückliche Ehe. Aus dieser Ehe, die knapp 10 Jahre andauerte, entstand in Ḥabaša ihr Sohn mit dem Namen ʿAbdullāh. In den Tagen der Schlacht von Badr, verstarb unsere Mutter Ruqayya. Als der Prophet aus Badr zurückkehrte und vom Tod seiner Tochter mitbekam, wurde er sehr traurig. Selbst als seine Vaterseele brannte, überließ er (sas) es keinen anderen, ʿUṯmān (r.a.) zu trösten, sondern tröstete ihn höchstpersönlich. Später dann gab er auch seine andere Tochter Umm Kulṯūm ihm zur Frau. Diese Ehe dauerte 9 Jahre an und als unsere Mutter Umm Kulṯūm (r.a.) im 9. Jahr der Hiǧra nach einer Erkrankung starb, trug ʿUṯmān wieder große Schmerzen in sich. Wieder trauerte der Prophet (sas) auf der einen Seite um seine verstorbene Tochter und auf der anderen Seite tröstete er ʿUṯmān (r.a.). Als er (sas) ihn (r.a.) tröstete, sagte er zu ihm: ***„Bei Allāh, hätte ich zehn Töchter und würden alle zehn hintereinander sterben, würde ich sie alle der Reihe nach ʿUṯmān geben.“***[23]

Ist das nicht einer der wichtigsten Hinweise für die Liebe des Propheten (sas) zu ʿUṯmān (r.a.)?

- ***Die Liebe des Propheten zu ʿAlī***

Ist die Liebe des Propheten (sas) zu ʿAlī (r.a.) denn eine Liebe, die sich so einfach erzählen lässt? Welche könnten wir

[23] Ibn Aṯīr: *Usdu-l Ġāba*, Bd. III, S. 579

denn schon erzählen und welche in Betracht ziehen? Versuchen wir anhand eines Bildes die Liebe des Propheten zu ʿAlī zu verstehen, der sein Schwiegersohn, sein Cousin und gleichzeitig der große Bruder dieser Daʿwa war.

In der Nacht der Hiğra hatte sich ʿAlī (r.a.) in das Bett des Propheten (sas) nicht zum Schlafen, sondern zum Sterben hingelegt. Allāh (swt.) hatte ʿAlī vor den feindlichen Schwertern geschützt und als ʿAlī die Nacht unbeschadet überstanden hatte, machte er sich einige Tage später auf dem Weg nach Medīna, indem er seine eigene Familie und die Familie des Propheten mit sich nahm. Erst nach einer sehr strapazierenden Reise kam er in Medīna an. Er war zwar angekommen, aber ʿAlī war erschöpft und regelrecht am Ende seiner Kräfte. ʿAlī, der damals mit seinen jungen 23 Jahren sich abmühte, den Prophet zu erreichen, fiel krank und mit zerrissenen Füßen in sein Bett. In den Tagen, wo sich der Prophet (sas) in Qubā befand, fragte er ständig nach ʿAlī (r.a.). Seine Gedanken waren ständig bei ʿAlī. Er dachte sich: „Ob er wohl angekommen ist? Ob wohl etwas passiert ist? Ist er wohl unbeschadet und gesund in Medīna angekommen?“, und wartete auf eine Nachricht. Während der Prophet mit dieser Sorge auf eine Nachricht wartete, kam die Nachricht an, dass ʿAlī in Qubā angekommen war. Der Gefährte, der die Nachricht überbrachte, sagte: *„Oh Gesandter Allāhs! ʿAlī ist angekommen. Er befindet sich im Haus jenes Anṣār, doch er hat keine Kraft mehr zu dir zu kommen. Seine Füße sind zerrissen, er fiel sofort ins Bett.“*[24]

Als der Prophet diese Worte hörte, stand er sofort auf und sagte: ***„Wenn er nicht kommen kann, dann gehen wir zu ihm. Los, bringt mich in dieses Haus.“***

---

[24] Ibn Aṯīr: *Usdu-l Ġāba*, Bd. IV, S. 96

Dieser Gefährte brachte den Propheten sofort in das Haus, wo ʿAlī blieb. Als der Prophet das Haus betrat, ging er sofort zu ʿAlī. ʿAlī war zu Bett gefallen und ruhte sich mit seinen blutverschmierten und zerrissenen Füßen aus. Als ʿAlī merkte, dass der Prophet gekommen war, wollte er sofort aufstehen. Der Prophet ließ das nicht zu und setzte sich neben seine Füße. Er (sas) nahm seine Füße (r.a.) auf seinen Schoß, seine Augen tränten und er streichelte seine Füße an jeder Seite, um sein Schmerz zu lindern, und sprach für seine Genesung Bittgebete aus.[25] Als die Gefährten dieses Bild vor sich sahen, bewunderten sie die Liebe des Propheten (sas) zu ʿAlī (r.a.).

Das war nur ein kleines Beispiel für die Liebe des Propheten zu ʿAlī. Versucht euch nun nur über dieses Beispiel die Liebe des Propheten zu ʿAlī vorzustellen.

- ***Die Liebe des Propheten zu Ḫadīǧa***

Der Prophet liebte jede seiner Frauen, denen die Ehre zuteilwurde, die Mütter der Gläubigen zu werden. Aber unter ihnen hatte Ḫadīǧa schon immer eine besondere Stellung. Die Liebe, die der Prophet (r.a.) zu Ḫadīǧa (r.a.) empfand und das Ausmaß seiner Liebe, Zuneigung und Hingabe zu ihr versetzte alle in Staunen. Der Prophet hat seine geehrte Ehefrau Ḫadīǧa, mit der er 15 Jahre vor der Verkündung des Prophetentums, 10 Jahre danach, also insgesamt 25 Jahre das gleiche Bett teilte, nicht nur zu ihren Lebzeiten nicht vergessen, sondern auch nach ihrem Tod nicht. Bis zu seinem letzten Atemzug gedachte er seiner Ḫadīǧa immer voller Hingabe. Deswegen sollte unsere Mutter ʿĀiša (r.a.) eines Tages folgendes sagen:

---

[25] Ibn Aṯīr: *Usdu-l Ġāba*, Bd. III, S. 96; Ḥalabī: *Insānu-l ʿUyūn*, Bd. II, S. 233

„Obwohl ich nicht mit ihr zur selben Zeit dasselbe Haus mit dem Propheten (sas) teilte, habe ich niemanden so sehr beneidet, wie ich Ḫadīğa beneidete. Denn der Prophet erwähnte ständig ihren Namen und vergaß sie nie. Wann auch immer ein Opfertier in unserem Haus geschlachtet wurde, nahm er ein Teil davon und gab es den Verwandten Ḫadīğas. Eines Tages konnte ich es nicht mehr ertragen und sagte: *„Oh Gesandter Allāhs! Wieso erwähnst du ständig den Namen Ḫadīğs, obwohl dir Allāh jetzt eine Bessere und eine Jüngere zur Frau gegeben hat? Als ob es keine andere Frau mehr auf der Welt gäbe, außer Ḫadīğa."* Der Prophet war nicht froh hierüber und fing an die Vorzüge Ḫadīğas aufzuzählen...Er sagte: *„Keine wie sie wurde mir je zuteil..."* Ich hörte dann auf über sie zu reden."[26]

Aus diesen Worten unserer Mutter ʿĀiša (r.a.) verstehen wir, wie sehr der Prophet unsere Mutter Ḫadīğa (r.a.) liebte. Aber in seinem Leben gibt es ein Ereignis, ohne jenes wir nicht fortfahren können, bevor wir es erzählt haben: Im 8. Jahr nach der Hiğra machte sich der Prophet mit seinen 10.000 Soldaten auf den Weg in seine Heimat, um Mekka zu erobern. Plötzlich wendete er seinen Kamel von der Kaʿba Richtung der Region Ḥāğūn. Als man schaute, wohin der Prophet ging, sah man, wie er das Grab seiner Ḫadīğa besuchte, dort eine Weile blieb und, nachdem er für sie Bittgebete aussprach und für sie um Vergebung bat, sich weiter auf den Weg machte.

Nachdem Mekka eingenommen war, fragten die Gefährten: *„Oh Gesandter Allāhs! Wollt Ihr nach Hause gehen oder sollen wir ein Zelt für Sie aufschlagen? Wo möchten Sie rasten?"*

---

[26] Muslim: *Faḍāilu-ṣ Ṣaḥāba*, 1877; Tirmiḏī, 3875, 3876

Der Prophet sagte, indem er auf den Bruder ʿAlīs mit dem Namen ʿĀqil hindeutete: ***„Hat uns ʿĀqil denn ein Haus übrig gelassen. Schlagt mein Zelt Richtung Ḥāǧūn (also gegenüber Ḫadīǧa) auf.“***[27]

Mit diesen Worten wollte der Prophet sein Zelt in der Nähe des Grabes von Ḫadīǧa aufschlagen lassen. Reicht dieses Bild und diese Haltung des Propheten nicht schon aus, um diese Liebe zu verstehen?

- ***Die Liebe des Propheten zu ʿĀiša***

Unter den Frauen des Propheten (sas) hatte nach Ḫadīǧa (r.a.) unsere Mutter ʿĀiša (r.a.) immer eine besondere Stellung. Das hat unser Prophet höchstpersönlich gesagt. Er sagte: ***„Der Vorrang ʿĀišas zu den anderen Frauen, ist wie der Vorrang eines außergewöhnlichen Essens zu den anderen herkömmlichen Mahlzeiten.“***[28]

Unsere Mutter ʿĀiša kannte diesen Vorzug von ihr sehr gut und die, die nach ihr kamen, wussten das auch sehr gut. Mašrūq, als einer der großen Tabiʿīn (Nachfolgegeneration), der das sehr gut wusste, würde eines Tages folgendes sagen: *„Sie ist die Geliebte des Geliebten Allāhs.“*[29]

Eines Tages fragte unsere Mutter ʿĀiša (r.a.) den Propheten, was jede Frau nach einer gewissen Zeit ihren Ehemann fragt: *„Oh Gesandter Allāhs! Liebst du mich?“*

Der Prophet antwortete, als würde er sagen, was das für eine Frage sei: ***„Oh ʿĀiša! Wenn ich dich nicht lieben würde, wäre ich dann an deiner Seite? Natürlich liebe ich dich.“***

---

[27] Buḫārī: *Kitābu-l Ḥaǧǧ*, 34; Ibn Saʿd: *Ṭabaqāt*, Bd. II, S. 136

[28] Buḫārī: Kitābu-l Anbiyā, 27; Muslim: *Faḍāilu-ṣ Ṣaḥāba*, 89; Tirmiḏī, 3887

[29] Fayda, Mustafa: *TDV İslam Ansiklopedisi*, Bd. II, S. 202

Doch selbst so eine Antwort, sollte unsere Mutter ʿĀiša nicht zufrieden stellen. Um zu erfahren, in welchem Ausmaß er sie liebte, würde sie den Propheten diesmal fragen: *„Wie sehr liebst du mich Oh Gesandter Allāhs?"* Daraufhin würde der Prophet diese offenherzigen, innigen Worte benutzen, die sowohl ʿĀišas, als auch die Tiefen unserer Herzen erbeben würden: ***„Ich liebe dich wie mein Ein und Alles.***[30]***"***[31]

Manchmal, wenn ʿĀiša den Propheten fragte: *„In welchem Zustand befindet sich dein Knoten (kördüğüm, also in welchem Zustand befindet sich deine Liebe zu mir, in welcher Festigkeit)?"*, sagte er, dass dieser Zustand andauernd anhielte, indem er (sas) antwortete: ***„So wie am ersten Tag."***

Jemanden so, wie sein Ein und Alles zu lieben... Es scheint, dass es eine Art der Liebe ist, die unserem Propheten eigen ist. Seinen Lebenspartner, Lebensgefährten und Weggefährten, wie sein Ein und Alles zu lieben... Das bedarf keiner weiteren Worte...

- ***Maß und Gerechtigkeit in der Liebe***

Wir haben versucht zumindest kleine Beispiele von der Liebe des Propheten (sas), vor allem zu seinen Frauen und seinen Gefährten zu geben, die seine Nächsten sind. Genau an diesem Punkt, möchte ich in Bezug auf die wahre Liebe auf einen wichtigen Punkt hinweisen, ohne den es nicht geht. Dieser wichtiger Punkt ist das Maß in der Liebe. Die Liebe

---

[30] Im Originalen verwendet der Autor die türkische Bezeichnung „*kördüğüm*", was sich leider nicht eins zu eins ins Deutsche übersetzen lässt. Es bedeutet so etwas wie „grodischer Knoten" und meint im Grunde, dass der Prophet so sehr verbunden war mit ʿĀiša, dass niemand diese Liebe/Knoten (als Metapher) auflösen könnte.

[31] Abū Nuʿaym als Iṣfahānī: Ḥilyatu-l Awiliyā, Bd. III, S. 44

kann einen blind machen und so das Maß außer Gleichgewicht bringen und das wiederum kann ein Grund für schwerwiegende Probleme sein. So wie unser Prophet uns lehrte, in welchem Ausmaß die Liebe sein sollte, genauso hat er uns viele Sachen über das Maß gelehrt, das zu den Fundamenten der Liebe gehört. Also, genauso wie unser Prophet das Wesen und den Inhalt der Liebe lehrte, genauso hat er gezeigt, wie man seinen Weg auf dem Weg dieser Liebe beschreitet. Ihr fragt euch wie? Wir werden versuchen aus zig Beispielen eines der Ḥadīṯe des Propheten (sas) zu nehmen, um das „wie?“ zu verstehen.

Der Prophet (sas) sagt: ***„Wenn du deinen Freund liebst, dann tue das in Maßen, denn eines Tages könnte er zu deinem Feind werden. Und verabscheue auch deinem Feind nur in Maßen, denn eines Tages könnte er zu deine Freund werden.“***[32]

Die Botschaft des Propheten in diesem Ḥadīṯ, ist sehr offen und klar. Mit diesem Ḥadīṯ ermahnt der Prophet: *„Seit nicht maßlos in eurer Liebe, verliert nicht das Maß und seit auch nicht in eurer Feindschaft maßlos und seit nicht ungerecht.“* Gut, aber widerspricht diese Botschaft nicht der Liebe des Propheten zu seinen Frauen und Gefährten? Ist es kein Widerspruch, auf der einen Seite seine Frauen und Freunde über den Tod hinaus zu lieben, für sie, wenn die Zeit und der Ort dafür gekommen sind, alles menschenmögliche zu machen, sogar für sie dem Tod ins Auge zu sehen, und danach zur Mäßigkeit in der Liebe zu mahnen, so wie es in diesem Ḥadīṯ der Fall ist? Beim ersten Blick kann man sagen, dass es hier einen Widerspruch gibt, aber derjenige, der dies sagte und

---

[32] Tirmiḏī: Birr, 60

danach handelte, war der König der Welten, der jede Sache, in angebrachter Weise machte. Widersprüche bei dem Propheten zu suchen, bedeutet ein Widerspruch im Īmān eines gläubigen Menschen, Gott bewahre. Wie sollten wir in diesem Fall das Maß in der Liebe und Feindschaft, das unser Prophet in dem Ḥadīṯ erwähnte, verstehen?

Diese Worte des Propheten können aus verschiedenen Blickwinkeln betrachtet werden, aber da unser Thema die Liebe ist, werden wir diese Worte aus diesem Blickwinkel betrachten. Wenn wir sie so betrachten, dann wäre die Botschaft, die uns der Ḥadīṯ vermitteln will, folgende:

„Deine Liebe zu den Menschen soll grenzenlos groß sein, aber in der Achse dieser Liebe soll die Gerechtigkeit liegen. Denn wenn du liebst, ohne die Gerechtigkeit in deine Achse zu legen, kannst du diese Liebe zur Qual machen. Genauso soll in deiner Achse bei den Menschen, zu denen du Feindschaft pflegst, die Gerechtigkeit liegen. Wenn du auch hier nicht die Gerechtigkeit zum Maßstab nehmen solltest, könntest du Tür und Tor für die Unterdrückung öffnen, selbst wenn du im Recht wärst."

Das ist also die eigentliche Botschaft, die uns der Ḥadīṯ vermitteln will. Kommt! Lasst uns versuchen im Lichte einiger Überlieferungen des Propheten zu verstehen, wie man diese Botschaft in sein Leben überträgt. Dadurch, dass der Prophet diesen Ḥadīṯ in zwei Hauptsätze unterteilt hat, werden wir das auch anhand zweier Angelegenheiten verstehen.

Was war der erste Satz des Ḥadīṯes? ***„Wenn du deinen Freund liebst, dann tue das in Maßen, denn eines Tages könnte er zu deinem Feind werden."***

Hier können wir den Ausdruck *„könnte er zu deinen*

Feind werden", sowohl im wahrsten Sinne des Wortes verstehen, aber auch mit „*er könnte Taten begehen, denen du feindlich gesinnt bist.*" Wir werden diesen Ausdruck als „*er könnte Taten begehen, denen du feindlich gesinnt bist*" verstehen und versuchen darauf aufbauend Beispiele zu geben.

Der Prophet (sas) machte keinen Unterschied zwischen Usāma b. Zayd und seinen Enkeln Ḥassan und Ḥussein, denn so wie er die beiden liebte, liebte er auch ihn. Wenn er auf die eine Seite seines Schoßes Ḥassan nahm, so nahm er auf die andere Seite Usāma und sagte: ***„Oh Allāh! Ich liebe diese beiden. Bitte liebe auch Du sie und diejenigen, die sie lieben!"***[33]

Deswegen zählte Usāma zu den Bewohnern des Ḥuǧra as-Saʿāda (Das Haus der Glückseligkeit, also das Haus des Propheten). Er ging dort sehr oft ein und aus. Als er manchmal halt, wie es bei Kindern üblich war, staubbedeckt und mit laufender Nase das Haus betrat, störte das unsere Mutter ʿĀiša ein wenig. Als der Prophet die Beunruhigung unserer Mutter ʿĀiša bemerkte, stand er sofort auf, wischte mit seinen gesegneten Händen den Staub von Usāmas Körper und sagte: ***„Wäre Usāma ein Mädchen, dann würde ich ihn schmücken und kleiden, ich würde ihn sogar selber an jemanden verheiraten (also einen geeigneten Mann für ihn suchen)."***[34]

Eines Tages blieb Usāmas Fuß an einem Stein an der Tür hängen und er fiel zu Boden, sodass sein Gesicht blutete. Als Usāma in diesem Zustand das Haus betrat, stand der Prophet auf, rannte zu ihm und küsste mehrere Male sein Kopf und wischte wieder eigenhändig das Blut und den Staub von sei-

---

[33] Buḫārī: *Faḍāl Aṣḥāb an-Nabiyy*, 24

[34] Ibn Māǧa, 1976

nem Gesicht weg.[35] So liebte also unser Prophet den kleinen Usāma. Es gab auch niemanden, der nicht von seiner Liebe zu Usāma Bescheid wusste. Aber unser Prophet, der bei jeder Sache das Maß wahrte, war auch in seiner Liebe maßvoll. Er akzeptierte niemals die Liebe zu seinen Geliebten als Entschuldigung für ihr Fehlverhalten und niemals benutzte er seine Feindschaft zu seinen Feinden, als ein Mittel, um ihr richtiges Verhalten zu verdecken. Er trennte immer stets zwischen Tat und Täter und wahrte das Gleichgewicht mit einem Verstand, der zu unterscheiden wusste.

Eines Tages kam Usāma, den der Prophet so sehr liebte, den er nicht von seinen eigenen Enkel unterschied, zu ihm und bat ihm um etwas. Um was bat er ihn? Bei der Eroberung von Mekka hatte eine Frau mit dem Namen Fāṭima von dem Stamm der Banū Maḫzūm, zu denen auch Abū Ǧahl und Walīd b. Muġīra gehörten, etwas geklaut und es wurde beschlossen, die dafür erforderliche Strafe für sie zu vollstrecken. Der Stamm der Banū Maḫzūm, der zu den edelsten Stämmen in Mekka gehörte, setzte alles daran, um die Frau, die von ihrem Stamm war, von dieser Strafe zu befreien. Einige sagten: *„Wenn ihr jemanden als Vermittler schicken solltet, auf den der Prophet (sas) hört, dessen Bitte er nicht zurückweist, dann könnte der Prophet der Frau vielleicht verzeihen."*

Der Stamm, der diesen Vorschlag akzeptierte, fing an darüber nachzudenken, wen sie schicken konnten. Zum Schluss entschieden sie sich, Usāma b. Zayd hinzuschicken. Denn sie wussten sehr gut, dass der Prophet ihn sehr liebte und ihn nicht von seinen eigenen Enkeln unterschied. Sie sagten: *„Sicherlich wird der Prophet dieser Frau durch seine Liebe zu Usāma verzeihen."*

---

[35] Tirmiḏī, 3818

Mit diesen Gedanken gingen einige Stammesangehörige zu Usāma. Sie erklärten ihm, weswegen sie gekommen waren und baten ihn darum als Vermittler einzutreten. Usāma wies sie nicht zurück und akzeptierte ihren Vorschlag. Daraufhin machte sich Usāma auf den Weg zum Propheten. Als Usāma beim Propheten ankam, wurde er wie immer sehr herzlich empfangen. Der Prophet freute sich so sehr auf seinen Besuch, dass er ihn sofort zu sich setzte, seine Hände nahm und fragte: ***„Oh Usāma! Was ließ dich hierher kommen?“***

Usāma sagte: *„Oh Gesandter Allāhs! Ich bin gekommen, damit du auf die Vollstreckung der Strafe für die Frau aus dem Stamme Banū Maḫzūn verzichtest und ihr verzeihst.“*

Plötzlich änderte sich die Stimmung im Raum. Der Prophet, der bis dahin immer lächelte, war nun verärgert. Wenn er sehr verärgert war, konnte man die aufwallende Ader auf seiner Stirn sehen. Er ließ sofort Usāmas Hände los, stand auf und sagte, indem er sich zu Usāma wandte: ***„Oh Usāma! Versuchst du etwa zu vermitteln, dass eines der Strafen, die Allāh auferlegt hat, nicht angewendet wird.“***

Der Prophet wiederholte diese Worte einige Male. Usāma wusste nicht, wie ihm geschah und begriff, welch großen Fehler er begangen hatte, aber es war nun zu spät.[36] Dass der Prophet einen Menschen, den er sehr liebte, aufgrund dieser Worte solch eine Reaktion zeigte, ist der beste Beweis dafür, welchen Maß er wahrte.

Der Prophet versammelte später die Menschen am Hofe der Kaʿba, aufgrund der Wichtigkeit dieser Angelegenheit

---

[36] Buḫārī: *Anbiyā*, 54: *Maġāzī*, 53; Muslim: *Ḥudūd*, 11, 12; Ibn Māğa: *Ḥudūd*, 6; Köksal, M. Asım: *Hz. Muhammed ve İslamiyet*, Bd. VI, S. 864

und sagte, indem er auf eine hohe Stelle aufstieg:

„Oh ihr Menschen! Einer der Gründe, weswegen die Völker vor euch vernichtet wurden, war dieser. Für jene unter ihnen, die alleinstehend und schwach waren, wurde die Strafe vollstreckt, wenn sie etwas verbrochen hatten. Aber wenn es unter ihnen jemand mit Ansehen, edler Herkunft und einer großen Position gab, dann vollstreckten sie die Strafe bei ihm nicht, wenn er etwas verbrach. Doch ich schwöre bei Allāh! Selbst wenn die Diebin meine eigene Tochter Fāṭima sein sollte, werde ich mich nicht zurückhalten die Strafe zu vollstrecken.“[37]

Auf diese Worte hin verstanden die Menschen viel besser, wie wichtig diese Angelegenheit war. Das ist also Maß in der Liebe. Die Gerechtigkeit als Achse in der Liebe zu setzen ist also das hier.

Kommen wir zum zweiten Satz des Ḥadīṯes... Was war der zweite Satz?

„Und verabscheue auch deinen Feind nur in Maßen, denn eines Tages könnte er zu deinen Freund werden.“

Der Niederschlag, den dieser Satz im Leben unseres Propheten fand, kann mit unzähligen Beispielen vorgeführt werden. Zum Beispiel: Ist es nicht die beste Deutung (Tafsīr) dieses Ḥadīṯes, dass der Prophet gegenüber dem Mörder seines Onkels Hamza, mit dem Namen Waḥšī, der ihn (r.a.) im Schlachtfeld von Uḥud zum Märtyrer machte, keine feindliche Haltung einnahm, sondern für seine Rechtleitung unzählige Briefe an ihn schicken ließ?[38]

---

[37] Buḫārī: *Faḍāl Aṣḥān an-Nabiyy*, 23

[38] Ibn Ḥağar: *al-Iṣāba*, Bd III, S. 2080

Ist die größte Feindschaft, die ʿUmar und sein Onkel ʿAmr b. Hišām (Abū Ǧahl) in den Anfängen an jenen Tagen in Mekka gegenüber den Propheten zeigten und er dennoch für sie um Rechtleitung betete, nicht ein Beispiel, das auch aufgeführt werden kann?[39]

Es können im Grunde eine Vielzahl an Ereignissen bzgl. dieses Themas angeführt werden, doch wir werden versuchen diese Angelegenheit anhand einer Überlieferung zu verstehen.

Als die Mekkaner es nicht schafften, dem steigenden Interesse gegenüber dem Islam Einhalt zu gebieten, beschlossen sie im 7. Jahr nach der Verkündung des Prophetentums, die Muslime zu boykottieren. Dieser Beschluss wurde an die Tür der Kaʿba aufgehangen, damit sich das ganze Volk daran hielt. Als einer der angesehenen Händler Mekkas, Abū-l Buḫturī b. Hišām, sich aufgrund einer Handelsreise außerhalb Mekkas befand, sah er, nachdem er von der Reise zurückkehrte, diesen Beschluss, der an der Tür der Kaʿba hing. Obwohl er gegen den Islam war, dachte er sich: „Was zu viel ist, ist zu viel.", und nahm folglich diesen Beschluss, zerriss ihn und sagte, dass er sich nicht daran halten werde. Er beließ es nicht nur dabei, sondern schickte den Muslimen, die unter ökonomischer Belagerung standen sogar etwas zu essen. Der Gesandte Allāhs (sas) würde dieses Verhalten Abū-l Buḫturīs nie vergessen, und obwohl Abū-l Buḫturī ihn (sas) als Propheten ablehnte und der Prophet ein Feind seines Polytheismus war, würde er kein Feind seiner Menschlichkeit und seiner Güte sein. Inzwischen waren genau sieben Jahre vergangen und das Heer des Glaubens und Unglaubens standen sich gegen-

[39] Ahmad b. Ḥanbal: *Musnad*, 2/95; Tirmiḏī, 3681; Ḥākim: *Mustadrak*, 3/83

über. Der Prophet hörte, dass Abū-l Buḫturī gekommen war, um im Schlachtfeld gegen die Muslime zu kämpfen. Doch der König der Loyalität, würde seinen Gefährten, die vor ihm standen, folgendes sagen:

من لقي منكم ابا البخترة فلا يقتلوه!

„Wer auf dem Schlachtfeld Abū-l Buḫturī begegnet, soll ihn nicht töten!“

Einige Gefährten, die nicht wussten, weswegen der Prophet, Abū-l Buḫturī solch eine Immunität gewährte, fragten neugierig: *„Oh Gesadter Allāhs! Welche Besonderheit hat denn dieser Mann, dass er dieses Sonderrecht genießt?“*

Der Prophet (sas) sagte:

وفاء له بما فعل يوم الصحيفة

„Er verdient dieses Sonderrecht (Loyalität), für die Güte, die er uns in den Tagen des Boykotts (Yaum aṣ-Ṣaḥīfa) zeigte.“

Die Schlacht von Badr begann. Wenn der Ausdruck gestattet ist, rollten die Köpfe förmlich in der Auseinandersetzung zwischen Glauben und Unglauben. In solch einer Umgebung, trat einer der Tapferen der Anṣār Muġaḏḏir b. Ziyād Abū-l Buḫturī gegenüber. Als er sich daran erinnerte, was der Prophet über Abū-l Buḫturī sagte, ließ er sofort von ihm ab und fing an mit jemand anderen zu kämpfen. Als diese Szene sich mehrmals wiederholte, wurde Abū-l Buḫturī neugierig und fragte den Soldaten, der ihm gegenüberstand:

„Oh du so und so! Wieso kämpfst du nicht gegen mich? Hast du etwa Angst vor mir oder bin ich dir nicht gut genug?“

Muġaḏḏir b. Ziyād sagte zu Abū-l Buḫturī:

„Ich flüchte weder von dir, weil ich dich fürchte, noch weil du mir nicht gut genug bist."

Das machte Abū-l Buḫturī noch neugieriger und er fragte: *„Gut, aber wieso flüchtest du dann vor der Auseinandersetzung?"*

Muğaḏḏir wiederholte exakt die gleichen Worte, die er vom Propheten hörte:

وفاء لك بما فعلت يوم الصحيفة

„Aus Loyalität dir gegenüber, für die Güte, die du uns in den Tagen des Boykotts (Yaum aṣ-Ṣaḥīfa) zeigtest."

Bedauerlicherweise zeigte Abū-l Buḫturī nicht dieselbe Loyalität, die ihm am Tage der Schlacht von Badr gezeigt wurde, denn er wollte mit Nachdruck gegen Muğaḏḏir b. Ziyād kämpfen und wurde zum Schluss durch seine Hand getötet.[40]

Selbst dieses Beispiel zeigt auf eine Weise, die das Blut in den Adern gefrieren lässt, wie man den Satz des Ḥadīṯes: ***„Und verabscheue auch deinem Feind nur in Maßen, denn eines Tages könnte er zu deinen Freund werden"***, verstehen muss.

- ***Maß und Stufen in der Liebe***

Ein weiterer wichtiger Punkt, auf den wir das Augenmerk richten müssen in diesem Kapitel, ist das Maß und die Stufen in der Liebe. Wenn wir nun das Lieben, das Geliebtwerden, das Sichliebenlassen, also alles, was mit der Liebe zu tun hat, von unserem Propheten (sas) lernen werden, dann ist eines

[40] Ibn Hišām: *Sīra*, Bd. II, S. 281; *Ṭabarī*: Tarīḫ, Bd. II, S. 281

der Themen, die wir von ihm lernen werden „das Maß und die Stufen in der Liebe". Was bedeuten Maß und Stufen in der Liebe? Das heißt, der Person in dem Maß und in der Stufe Liebe entgegenzubringen, in der er es verdient hat. Mehr als angebracht oder weniger als angebracht zu lieben, egal welches der beiden, sie führen beide zum selben Ergebnis: Sie führen zur Qual.

Auch in dieser Angelegenheit, hat uns unser Prophet ein wunderbares Beispiel hinterlassen. Er hat sein Gegenüber in einer Art und Weise geliebt, wie es ihn gebührte. Heißt das also, dass unser Prophet (sas) nicht jeden im selben Maße geliebt hat?

Es ist eine Sache die gesamte Menschheit zu lieben und eine andere, unter dieser Menschheit die Gläubigen zu lieben, und wiederum eine andere Sache, unter den Gläubigen die Vorreiter und Anführer zu lieben. Nichts anderes hat der Prophet (sas) gemacht. Schaut in sein Leben, mit welch einer Liebe er alle Menschen liebte. Hätte er nicht die gesamte Menschheit geliebt, würde er sich dann ein Leben lang dermaßen abmühen? Innerhalb dieser Menschheit liebte er seine eigene Umma mit einer besonderen Zuneigung. Wie sehr er seine Umma liebte, werden wir im darauffolgenden Kapitel sehen. Innerhalb seiner Umma, sei es die zu seiner Zeit oder die danach, liebte er die Mu'minūn, Muǧāhidūn und Muwaḥḥidūn mit einer besonderen Liebe. Unter diesen gibt es wiederum welche, deren Spuren in der Liebe noch tiefer sind. Das heißt also, dass unser Prophet (sas) keineswegs jeden im selben Maße geliebt hat und dass er nicht jeden über einen Kamm geschert hat. Ihr fragt euch wie?

Zum Beispiel nennen wir jeden Glücklichen, der sich mehr oder weniger als Muslim mit dem Propheten traf und als Muslim starb, einen Gefährten (Ṣaḥāba).[41] Es wird gesagt, dass die Zahl der Gefährten, die den Propheten in seiner Abschiedspredigt sahen und ihm zuhörten, 114.000 betrug.[42] Der Prophet liebte alle von ihnen. Doch sicherlich war die Wertschätzung und Liebe, die der Prophet zu den Gefährten unter den 114.000 Gefährten, die vor der Einnahme Mekkas den Islam annahmen, von anderer Natur, als zu denjenigen, die den Islam danach annahmen. Denn ihre Wertschätzung war auch bei Allāh (swt.) von anderer Natur. Was sagte der Qur᾿ān diesbezüglich?

„Es sind nicht gleich diejenigen unter euch, die spendeten und kämpften vor dem Sieg.“[43]

Genauso auch, wie es der Vers klarstellt, waren diejenigen, die vor der Eroberung Mekkas den Islam annahmen und diejenigen, die es danach taten, nicht gleich. Es waren auch nicht jene gleich, die direkt vor der Einnahme Mekkas den Islam annahmen, und jene, die unter dem Baum Samūra in Ḥudaybiyya den Treueschwur leisteten. Unter den 114000 Gefährten sind auch nicht jene gleich, die an der Schlacht von Badr teilnahmen, und jene, die dies nicht taten. Unser Prophet hatte immer eine besondere Beziehung zu jenen, die sich an der Schlacht von Badr beteiligten. Denn auch bei Allāh hatten sie eine besondere Stellung. Eines Tages kam der Engel Gabriel und sagte:

„Oh Gesandter Allāhs! Genauso wie die Gefährten unter euch, die sich an der Schlacht von Badr beteiligten, eine

---

[41] Für die Definition eines Gefährten (Ṣaḥāba), siehe: Yıldırım, Muhammed Emin: *Sahabeyi Nasıl Anlamalıyız?*, S. 22-46

[42] Ibn Ǧawzī: *Talqīḥ*, S. 103

[43] Sūra al-Ḥadīd, 57:10

besondere Stellung haben, ebenso haben die Engel unter uns, die sich an dieser Schlacht beteiligten eine besondere Stellung."[44]

Daher war die Liebe des Propheten zu den Gefährten, die sich an der Schlacht von Badr beteiligten, immer von besonderer Natur. Auch seine Liebe zu den Muhāǧirūn, die auswanderten, ihr Vermögen, ihr Besitz, ihre Ehepartner und ihr Ein und Alles auf dem Wege Allāhs verließen und zu den Anṣār, die ihnen ihre Herzen, ihre Häuser, ihr Vermögen und ihre Gärten gaben, war immer von besonderer Natur. Wiederum seine Liebe zu denen, die sich an der Auswanderung nach Ḥabaša beteiligten und zu jenen, die im Dāru-l Arqam unter seiner Obhut heranwuchsen, also zu der Vorzeigegeneration, war von besonderer Natur. Das heißt also, dass unser Prophet (sas) niemals gegenüber jedem dieselbe Art von Liebe pflegte und somit alle über einen Kamm scherte. Er liebte zwar alle Menschen, alle von seiner Umma und alle Gefährten, doch die Liebe zu einigen von ihnen war eben schon immer von besonderer Natur.[45]

Ich möchte zwei Beispiele anführen, um diese Angelegenheit besser verstehen zu können. Das erste ist eine Überlieferung, die ʿAmr b. ʿĀṣ selber überlieferte und das zweite Beispiel ist ein Ereignis, das ʿĀiz b. ʿAmr widerfuhr und das

---

[44] Buḫārī: *Kitābu-l Maġāzī*, 6

[45] Die Bewertung der Gefährten, sei es durch die Ḥadīṯe oder durch die Qurʾānverse, in denen unser Herr die Gefährten entsprechend ihrer Taten und Vorzüge bewertet, hat den Weg dafür geebnet, dass unsere Gelehrten (ʿUlamā) sie Stufen um Stufen klassifizierten. Die bekannteste Liste für die Klassifizierung der Gefährten findet sich bei Ḥākim an-Nīšābūrī, in der er die Gefährten in 12 Stufen klassifizierte. Siehe hierfür: an-Nīšābūrī: *Maʿrifatu ʿUlūmi-l Ḥadīṯ*, S. 22ff.; Yıldırım, Muhammed Emin: *Sahabeyi Nasıl Anlamalıyız?*, S. 100f.

er auch selber überliefert. Fangen wir mit der ersten Überlieferung an.

Es ist das 8. Jahr nach der Hiğra. Der Prophet (sas) schickte ʿAmr b. ʿĀṣ (r.a.), der gerade mal vor eineinhalb Jahren den Islam angenommen hatte, doch in den Schlachtfeldern und im diplomatischen Dienste zu einer wahren Größe wurde, als Kommandant einer 600 Mann starken Armee in der Ḏātu-s Salāsil Reise zum angezielten Bestimmungsort. In dieser Armee befanden sich auch die großen Gefährten, allen voran Abū Bakr (r.a.), ʿUmar (r.a.), Abū ʿUbayda al-Ğarrāḥ und viele mehr. Dass er zum Kommandanten solch eines Heeres ernannt wurde, die Reise mit einem Sieg für die Muslime endete und sie mit viel Kriegsbeute nach Medīna zurückkehrten, machte ʿAmr b. ʿĀs stolz. Auf dem Rückweg machte er sich selbst folgende Überlegung: *„Wahrscheinlich hat mich der Prophet als Kommandanten solch einer Armee würdig erachtet, wo sich auch die großen Gefährten beteiligten, weil ich bei ihm eine sehr gute Stellung habe. Wahrscheinlich liebt mich der Prophet am meisten. Hätte er mich sonst zum Kommandanten über Abū Bakr und ʿUmar ernannt?"*

Mit diesen Gedanken kam ʿAmr b. ʿĀṣ zum Propheten und informierte ihn über den Ausgang dieser Reise. Danach fragte er: *„Oh Gesandter Allāhs! Wen liebst du unter den Gefährten am meisten?"*

Der Prophet wusste sehr gut Bescheid, was ʿAmr b. ʿĀṣ durch den Kopf ging. Dort würde der Prophet ʿAmr b. ʿĀṣ diese Worte sagen, um das Maß und die Stufen in der Liebe zu lehren:

„Am meisten liebe ich ʿĀiša."

Diese Antwort stellte ʿAmr b. ʿĀṣ nicht zufrieden und er

fragte nochmals: *„Oh Gesandter Allāhs! Ich frage nicht nach den Frauen, sondern wer es unter den Männern ist?“*

Der Prophet (sas) sagte: ***„Den Vater ʿĀišas!“***

ʿAmr b. ʿĀṣ dachte sich, dass er dann nach Abū Bakr kommen würde und fragte nochmals: *„Und wer danach?“*

Der Prophet (sas) sagte: ***„Danach ʿUmar b. al-Ḫaṭṭāb.“***

Daraufhin dachte ʿAmr b. ʿĀṣ, dass er wahrscheinlich der Dritte war, und fragte abermals: *„Und wen nach ihm?“*

Die Antwort war wieder jemand anderes außer ʿAmr b. ʿĀṣ.[46] Weil derjenige, der uns diese Geschichte überliefert und der tragische Held dieser Geschichte ʿAmr b. ʿĀṣ höchstpersönlich ist, verrät er uns nicht die beiden Namen, die danach kamen.[47]

Auf diese Weise lehrte der Prophet über ʿAmr b. ʿĀs, allen Gefährten und allen Generationen, die nach ihnen folgen würden, wie wichtig das Maß und die Stufen in der Liebe waren.

Kommen wir zum Ereignis, das uns ʿĀiz b. ʿAmr überliefert. Dieses Ereignis kam bei der Eroberung Mekkas zu Stande. Als der Prophet (sas) im achten Jahr nach der Hiğra für die Eroberung Mekkas auf seine Heimatstadt zuging, wo er geboren wurde und aufwuchs und zum Schluss gezwungen war von dort auszuwandern, rastete er an einer zu Mekka nahe gelegenen Ortschaft mit dem Namen Marru-z Zahrān. Abū Sufyān, der zu dieser Zeit der Kommandant der mekkanischen Streitkräfte war, wurde von den muslimischen Soldaten

---

[46] Buḫārī: *Faḍāl Aṣḥān an-Nabiyy*, 4

[47] Ibn Kaṯīr: *al-Bidāya*, Bd. IV, S. 276

gefangen genommen und kam unter der Obhut von ʿAbbās (r.a.) in das Zelt des Gesandten Allāhs (sas). Als sie sich dem Zelt nährten, wartete auch ʿĀiz b. ʿAmr auf die Erlaubnis, in das Zelt einzutreten. Der Wächter vor dem Zelt kam zum Propheten und sagte: *„Oh Gesandter Allāhs! Abū Sufyān und ʿĀiz b. ʿAmr warten auf Erlaubnis, in das Zelt einzutreten.“*

Der Prophet legte einen Einwand gegen diesen Satz ein, der für jeden einfach nur ein gewöhnlicher Satz ist, und sagte zum Wärter: ***„Du sollst nicht sagen, dass Abū Sufyān und ʿĀiz b. ʿAmr Erlaubnis möchten, in das Zelt einzutreten, sondern dass ʿĀiz b. ʿAmr und Abū Sufyān Erlaubnis möchten, in das Zelt einzutreten. Denn der Muslim ist geehrter als andere. Der Islam ist erhaben und vor ihm gibt es keiner anderen Sache einen Vorrang.“***[48]

Diese prophetische Belehrung der Erziehung und Verhaltensweise war eine Belehrung für das Maß und die Stufen in der Liebe. Die Gefährten hatten diese Botschaft des Propheten derart richtig verstanden, dass auch sie ihre zwischenmenschlichen Beziehungen auf diesem Grundsatz aufbauten.

Als letztes möchte ich noch ein Beispiel dafür geben, wie die Gefährten diese Angelegenheit verstanden haben.

Es waren die Tage des Kalifats von ʿUmar (r.a.). Bilāl (r.a.) war an diesen Tagen ein Bediensteter des Kalifats von ʿUmar. Bilāl, der der Gebetsrufer (Muʾaḏḏin) des Propheten war, sah, dass vier Personen draußen warteten, um den Kalifen zu sprechen. Wer waren diese vier Personen? ʿAmmār b. Yāsir, Ṣuhayb ar-Rūmī, Abū Sufyān und Suhayl b. ʿAmr... Bilal trat ein und sagte: *„Oh Amīru-l Muʾminīn! Draußen ste-*

[48] Ibn Ḥağar: *Fatḥu-l Bārī*, Bd. III, S. 261

hen vier Personen, die mit dir sprechen möchten. Wem soll ich als erstes hereinbitten?“

ʿUmar (r.a.) war jemand, der die prophetische Erziehung sehr gut verstanden hatte. Sicherlich würde auch er, wie der Prophet (sas) handeln. Wisst ihr, was er sagte?

„Als erstes soll ʿAmmār reinkommen, dann Ṣuhayb, dann Suhayl und dann Abū Sufyān.“

Bilal ging raus und informierte die Wartenden über die Reihenfolge, in der sie den Kalifen sprechen konnten. Abū Sufyān wurde sehr sauer und sagte: *„Bei Allāh! Ich erinnere mich nicht, dass ich in meinem Leben derart erniedrigt wurde...“*

Suhayl b. ʿAmr, sagte dann auf diesen Ausraster von Abū Sufyān: *„Immer langsam Abū Sufyān! Als sie ihr Leben gaben für diese Religion, standen du und ich im Krieg mit ihnen. Natürlich werden sie jetzt den Vorrang haben. Natürlich werden sie den Kalifen vor uns sprechen.“*[49]

Suhayl b. ʿAmr, als jemand, der die Angelegenheit verstanden hatte, mahnte Abū Sufyān mit diesen Worten. Diese Überlieferung ist der beste Beweis dafür, dass ʿUmar die Sensibilität, das Maß und die Stufen für die Liebe richtig verstanden hatte. Er hatte entsprechend der prophetischen Erziehung auf diese Weise gehandelt und er hatte nicht die Stellung der Wartenden in der Gesellschaft beachtet, sondern das, was sie für den Islam in ihrem Leben geleistet hatten.

---

[49] Ibn Aṯīr: *Usd al-Ġāba*, Bd. II, S. 586

IV. Kapitel
Wie hat der Prophet (sas) seine Umma geliebt?

Wie hat der Prophet (sas) seine Umma geliebt?

Im vorigen Kapitel haben wir gesehen, mit welch einer Liebe der Prophet (sas) seine Freunde geliebt hat, denen es zuteilwurde, mit ihm dieselbe Zeit und denselben Ort zu teilen. In diesem Kapitel werden wir versuchen zu verstehen, wie der Prophet seine Umma geliebt hat.

Obwohl die Themen der vorangegangenen Kapitel dieses Buches sich mehrheitlich um das Thema Liebe drehten, beinhalteten sie auch verschiedene Botschaften. Auch in diesem Kapitel wird mehrheitlich das Thema Liebe angerissen, doch dieses Kapitel hat einen wichtigen Unterschied zu den anderen Kapiteln. Wisst ihr, was dieser Unterschied ist? Der Unterschied ist dieser: Das vorangegangene Kapitel bezog sich unmittelbar auf die Gefährten, während wir die indirekten Ansprechpartner waren. Das heißt also, dass Allāh (swt.) und Sein Prophet (sas) in dem Kapitel zuvor direkt sie (Gefährten) angesprochen haben. Sie sprachen über sie indirekt zu uns und wir versuchten die Botschaften, die uns über sie vermittelt werden, zu verstehen.

In diesem Kapitel sind wir jedoch die unmittelbaren Ansprechpartner, während diejenigen, die zu jener Zeit lebten, die indirekten Ansprechpartner sind. Daher werden wir versuchen, die Botschaften, die sich unmittelbar an uns richten, zu verstehen. In diesem Fall wird die Botschaft ein wenig anders sein, sollte ich es schaffen, euch das so darzustellen. Sollten wir nicht unsere Augen vor den Worten des Propheten (sas) verschließen, dann werdet ihr sehen, dass dieses Kapitel uns eine Menge geben wird und wir davon reichlich profitieren werden.

Unter der Überschrift „Wie hat der Prophet (sas) seine Umma geliebt?“ werden wir versuchen zu verstehen, mit welch einer Liebe der Prophet (sas) seine Umma liebte.

Wenn wir in der Welt unseres Propheten das Wort „Umma“ benutzen, dann gibt es hierüber viel zu berichten, richtig? Wenn wir das Wort *Umma* benutzen, dann benutzen wir die Worte des Propheten, die ihm als erstes in den Sinn kamen in seinem 13-jährigen Prophetentum in Mekka und den 10 Jahren in Medīna, wenn der Geduldsfaden kurz vor dem Reißen war.

Wenn wir das Wort *Umma* benutzen, dann benutzen wir die Worte des Propheten, die er aussprach, als er sogar in Sidratu-l Muntahā war, und sofort wehklagte, als er das Paradies, die Hölle, die Abrechnung und die Auferstehung sah: *„Oh wehe... Oh wehe...“*

Wenn wir das Wort *Umma* benutzen, dann benutzen wir die Worte des Propheten, die er aussprach, als er mit seinem aufrichtigen Freund Abū Bakr (r.a.) im Berg Ṯawr den Atem ihrer Feinde förmlich am Nacken spürte und während er nach einer zermürbenden Reise Richtung Yaṯrib lief.

Wenn wir das Wort *Umma* benutzen, dann benutzen wir die Worte des Propheten, die er am meisten aussprach in seiner ersten und letzten Pilgerfahrt bei der Abschiedspredigt, in ʿArafa, in Muzdalifa und in Minā.

Wenn wir das Wort *Umma* benutzen, dann benutzen wir die Worte des Propheten, die er nie aus dem Mund nahm, wann und wo immer er auch ein Bittgebet aussprach.

Wenn wir das Wort *Umma* benutzen, dann benutzen wir die Worte des Propheten, die er am häufigsten in den Mund nahm und die er zum Hauptgegenstand seiner Bittgebete machte, als er Allāh einige Tage kurz vor seinem Tod anflehte.

Das heißt, das Wort *Umma* auszusprechen, bedeutet ein Wort auszusprechen, das der gesegnete Prophet, der als eine Barmherzigkeit an die gesamte Menschheit entsandt wurde, unzählige Male in den Mund nahm...

Noch heute ist die Liebe und Hingabe, die die Umma gegenüber dem Propheten (sas) pflegt, eine Haltung, die sehr lobenswert ist. Ist nicht das schon ein Beweis dafür, mit welch einer Liebe der Prophet (sas) seine Umma liebte, wenn es sogar heute noch mehr oder weniger Menschen gibt, die am Beispiel der Gefährten sich für den Propheten (sas) und seine Botschaft aufopfern? Denn einer der Grundpfeiler der Liebe, war der Grundsatz: *„Derjenige, der liebt, wird geliebt.“*

Würde seine Umma ihn derart lieben, hätte der Prophet seine Umma nicht mit solch einer Hingabe und Zuneigung geliebt?

Tatsächlich hat der Prophet seine Umma, also uns, sehr geliebt. Wir waren seine größte Sorge. Er hat sich sein ganzes Leben lang für uns abgemüht. Dieser Prophet, der mit den Worten des Qur'ān mitleidig (Râūf) und barmherzig (Raḥīm) ist,[1] hat uns mehr Fürsorge und Barmherzigkeit gezeigt, als unsere eigenen Mütter und Väter. Genau aus diesem Grund wurden ihm auch Mütter, Väter, Ehepartner, Kinder und das eigene Leben geopfert. Hätten seine Gefährten um ihn herum *„Meine Mutter und mein Vater seien dir geopfert!“* gesagt, wäre der Prophet nicht tatsächlich noch barmherziger und fürsorglicher, als wir es beschreiben können?

Lasst uns daher der Stimme und dem Ruf des Propheten zuhören, der **أمتي....أمتي...“Meine Umma... Meine Umma...“** wehklagte. Lasst uns schauen, wie sehr er uns liebte, welche Liebe er zu uns empfand. Lasst uns das versuchen anhand einiger Überlieferungen zu verstehen.

Wir müssen es als die größte Ehre und Gabe erachten, ein Teil der Umma des Propheten (sas) zu sein und müssen unseren Dank gegenüber dieser Gabe auf die ihr gebührenden Art und Weise zeigen. Einer weiteren Gabe müssen wir danken und diese ist, dass unser Prophet, als er jahrhunderte zuvor seine jahrhunderte nach ihm lebende Umma erwähnte, die Glücklichen, die ohne ihn gesehen und gehört zu haben an ihn glaubten und seinem Ruf folgten, als *„Meine Geschwister“* ansprach.[2] Ein Teil seiner Umma zu sein ist eine große

[1] Sūra Tawba: 9:128

[2] Muslim: *Ṭahāra*, 39; Nasāi: *Ṭahāra*, 110; Ibn Māǧa: *Zuhd*, 36

Ehre, aber sein (sas) unmittelbarer Bruder oder Schwester zu sein, bedeutet unendliche Ehre.

- ***Die Bittgebete des Propheten bei seinen nächtlichen Gottesdiensten (ʿIbāda)***

Solch eine Nacht unseres Propheten (sas), der uns als seine Geschwister betrachtet, überliefert uns ʿAbdullāh b. ʿAmr (r.a.), der einer der Gefährten ist. Er sagt: *„Eines Nachts wurde ich Zeuge des Gebets unseres Propheten. In dieser Nacht, machte sich der Prophet zwei Qurʾānverse zu seinem „Motto.“*

Zwei Bittgebete zweier Propheten, die mit Barmherzigkeit und Fürsorge ihren Platz im Qurʾān fanden, waren in dieser Nacht auch im Munde des Propheten (sas). Der Prophet Abraham (a.s.), der der Vorfahre des Propheten (sas) war, flehte Allāh (swt.) folgendermaßen an:

„Mein Herr, sie haben viele Menschen irregeleitet. Wer mir nun folgt, der gehört sicher zu mir; und wer mir nicht gehorcht - siehe, Du bist Allverzeihend, Barmherzig.“[3]

Die Botschaft des Verses ist eindeutig, aber auf einen Punkt sollten wir besonders unser Augenmerk richten, damit wir verstehen, weswegen der Prophet (sas) ausgerechnet diesen Vers ausgewählt hatte. Der Prophet Abraham (a.s.) sagt in diesem Bittgebet: *„Mein Herr! Diese Götzen haben viele Menschen irregeleitet. Ein Teil der Menschen ist mir gefolgt und Dein Versprechen für diese ist klar. Was jene betrifft, die sich mir entgegengestellt haben, so überlasse ich sie Dir. Doch wenn ich sie Dir überlasse, dann tue ich das nicht, indem ich sie einen Deiner Namen und Eigenschaften*

[3] Sūra Ibrāhīm: 14:36

als Der Allmächtige (al-ʿAzīz), Der Majestätische (al-Ǧalīl), Der Unterwerfer (al-Ǧabbār und al-Qahhār), Der Vergelter (al-Muntaqim) oder andere Deiner Namen, die Deinen Zorn zum Ausdruck bringen, Dir überlasse, sondern ich überlasse sie Dir in Deinen Namen und Eigenschaften als Der Vergebende (a-Ġafūr) und Gnadenreiche (ar-Raḫīm).“

Neben diesem Bittgebet, sprach unser Prophet (sas) auch dieses Bittgebet aus, das über die Worte ʿĪsās/Jesus (a.s.) in den Qurʾān einging. Jesus (a.s.) sagte: ***„Wenn Du sie bestrafst, sind sie Deine Diener, und wenn Du ihnen verzeihst, bist Du wahrlich der Allmächtige, der Allweise.“***[4]

Wisst ihr, weswegen der Prophet Jesus (a.s.) dieses Bittgebet aussprach? Die Antwort dazu findet sich exakt in den Versen 116 und 117 dergleichen Sūra. Allāh (swt.) sagt zu Jesus (a.s.):

„O Jesus, Sohn der Maria, hast du zu den Menschen gesagt: »Nehmt mich und meine Mutter als zwei Götter neben Allah?“[5]

Natürlich wusste Allāh (swt.) genau, dass Jesus so etwas niemals sagen würde, aber um eine sehr wichtige Botschaft an dieser Stelle zu vermitteln, stellte Er diese Frage. Die Menschen haben Jesus (a.s.) und seine Mutter Maria (a.s.) vergöttlicht, aus sogenannter „Liebe“ zu ihnen, Gott bewahre. Und Allāh (swt.) fragt den Propheten Jesus (a.s.), als wollte Er ihnen sagen, dass sie ihren Verstand benutzen sollten: *„Wie können diese sich anmaßen so ein großes Verbrechen zu begehen, wenn du ihnen nicht so etwas gesagt hast?“*

---

[4] Sūra al-Māida: 5:118

[5] Sūra al-Māida: 5:116

Danach erklärte Jesus (a.s.) auf die Frage seines Herrn, was er seinem Volk alles erzählt hat und machte als letztes dieses Bittgebet:

„Und ich war ihr Zeuge, solange ich unter ihnen weilte, doch nachdem Du mich abberufen hattest, bist Du ihr Wächter gewesen; und Du bist der Zeuge aller Dinge.“ [6]

Es gibt einige wichtige Gründe, weswegen unser Prophet (sas) aus diversen Versen ausgerechnet diese beiden Verse für seinen nächtlichen Gottesdienst gewählt hat. Diese Gründe können wir unter drei Überschriften zusammenfassen:

1. Er nahm die Haltung der Propheten Abraham (a.s.) und Jesus (a.s.) zum Vorbild, die insbesondere seiner Natur etwas mehr ähnelten.

2. Weil das Volk des Propheten (sas) genauso irregegangen war, wie die Völker der Propheten Abraham (a.s.) und Jesus (a.s.), wählte er insbesondere die Bittgebete aus, die diese beiden Propheten auch ausgesprochen hatten.

3. Unser Prophet (sas) sagte förmlich: *„Wenn schon Allāh ihre Worte in den Qur'ān als Verse festgehalten hat, dann heißt es, dass Er mit diesen Worten zufrieden war.“* Und mit dem Gedanken *„Derjenige, der mit ihnen zufrieden war, wird auch mit mir zufrieden sein“*, machte der Prophet (sas) diese Bittgebete zum „Motto“ seines nächtlichen Gebets.

Unser Prophet (sas) sprach im tiefsten Punkt der Nacht diese beiden Verse der Bittgebete aus, weinte, danach verharrte er in der Niederwerfung (Sağda) und flehte:

---

[6] Sūra al-Māida: 5:117

... اللّٰهُمَّ أُمَّتِي ... اللّٰهُمَّ أُمَّتِي ***„Oh Allāh, meine Umma... Oh Allāh meine Umma...“***

Minutenlang, vielleicht sogar Stunden dauerte dieser Zustand an, er (sas) weinte und weinte... Was auch immer in dem Moment geschah, Allāh (swt.) schickte den Erzengel Gabriel aus Gefallen an der Hingabe, die der Prophet (sas) zu seiner Umma hatte, und gab folgende frohe Botschaft.

Der Erzengel Gabriel sagte: *„Mein Herr sagt:* ***„Oh Mein Gesandter! Wir werden dich bezüglich deiner Umma zufriedenstellen und dich nicht betrüben.“***

Als unser Prophet diese frohe Botschaft empfing, fing er an zu lächeln und freute sich. Während er (sas) auf der einen Seite seine Tränen wischte, dankte er auf der anderen Seite seinem Herrn.[7]

Ist allein diese Überlieferung schon nicht ausreichend, damit wir verstehen können, wie groß die Liebe des Propheten (sas) zu seiner Umma war?

Ein ähnliches Bild überliefert uns unsere Mutter ʿĀiša (r.a.).[8] Sie sagt: „Als ich eines Nachts sah, wie der Gesandte Allāhs (sas) schon fast bis zum Morgengrauen stehend und niederwerfend im Gebet Bittgebete aussprach, hielt ich es nicht mehr aus, ging zu ihm und las diese Verse aus der Sūra al-Fatḥ: ***„Auf dass Allah dir deine vergangene und künftige Schuld vergebe, und auf dass Er Seine Gnade an dir vollende und dich auf einen geraden Weg leite.“***[9]Als der Prophet

---

[7] Muslim: *Īmān*, 356

[8] Muslim: *Munāfiqūn*, 81

[9] Sūra al-Fatḥ: 48:2

diese Verse hörte, lächelte er. Das bestärkte mich und ich sagte daraufhin: *„Oh Gesandter Allāhs! Was ist es, dass dir diese tiefe Kummer bereitet, während dir Allāh solche Gnadengaben erwiesen hat?"*

Daraufhin fingen seine Augen an zu Tränen und er sagte: **يَا عَائِشَةُ أَفَلاَ أَكُونُ عَبْدًا شَكُوراً „Oh ʿĀiša! Soll ich etwa kein dankbarer Diener sein?"**

Daraufhin konnte unsere Mutter ʿĀiša (r.a.) nichts mehr sagen. Aber im Fortlauf dieser Überlieferung, merkt sie folgendes an: ***„Wenn Du sie bestrafst, sind sie Deine Diener, und wenn Du ihnen verzeihst, bist Du wahrlich der Allmächtige, der Allweise."***[10]

Das heißt, dass auch in dieser Nacht die Umma seine Sorge war, wie in so vielen Nächten. In der Nacht hat er für seine Umma, also für uns, gebetet und für uns Tränen vergossen... Das heißt, dass während der Prophet (sas) auf der einen Seite unter der Verantwortung, unter der er stand, und dafür als ein Zeichen für seinen Dank gegenüber Allāh so wehklagte, mühte er sich auf der anderen Seite mit so einer großen Hingabe für seine Umma ab. Die Hingabe hätte genau dies erfordert, stimmt's? Was bedeutet Hingabe? *Nicht leben, um zu leben, sondern leben, um leben zu lassen.*

Nichts anderes hatte unser Prophet (sas) gemacht.

In einer anderen Überlieferung, das Suyūṭī von Ibn Mundir überliefert, sehen wir noch besser, in welchem Ausmaß die Liebe des Propheten zu seiner Umma war. Eines Tages las unser Prophet folgenden Vers vom Qurʾān:

---

[10] Sūra al-Māida: 5:118

„Wir gewährten keinem Menschenwesen vor dir das ewige Leben. Als ob sie es wären, die ewig leben könnten, wenn du gestorben wärst!“[11]

Ist die Botschaft dieses Verses nicht wirklich eindeutig? Wie würden wir wohl auf diesen Vers reagieren, wenn wir es so betrachteten, als sei dieser Vers zu uns herabgesandt worden und derjenige, dem die Todesbotschaft überbracht wird, nicht der Prophet (sas) wäre, sondern wir höchstpersönlich? Unsere Reaktionen bei Seite, als der Prophet (sas) diesen Vers las, sagte er sofort:

فمن لأُمّتي؟ ***„Und was passiert mit meiner Umma?“***[12]

Das war die erste Reaktion unseres Propheten (sas) auf diesen Vers. Was bedeutet das? Was die Hingabe einer Mutter ist, die selbst im Sterbebett an ihre Kinder denkt, sich darum sorgt, was aus ihnen wird, wenn sie nicht mehr da ist, das ist auch die Hingabe des Propheten (sas).

Nicht leben, um zu leben, sondern leben, um leben zu lassen... Ich werde ein weiteres Beispiel anführen, wie diese Worte sich im Leben unseres Propheten (sas) niedergeschlagen haben. Eines Tages erzählte der Prophet seinen Gefährten, in welcher Beziehung er und seine Umma miteinander stehen: *„Meine und eure Situation gleicht diesem: Ein Mann entzündet in der tiefen Nacht ein Feuer. Nachdem das Feuer sichtbar wurde, stürmen die Schmetterlinge/Motten auf das Feuer los. Der Mann, der das Feuer entzündete, versucht die Motten daran zu hindern in das Feuer zu fliegen, damit sie nicht verbrennen. Und so halte ich euch, um euch daran zu*

---

[11] Sūra al-Anbiyā: 21:34

[12] Suyūṭī: *Ad-Durru-l Manṯūr*, Bd. IV, S. 318

hindern, in die Hölle zu stürmen. Ich halte euch an euren Rücken fest, ziehe euch und mühe mich ab, damit ihr nicht ins Feuer springt, damit ihr nicht ins Feuer fällt.“[13]

Ist es nicht so, dass sich unser Prophet (sas) ein Leben lang hierfür abgemüht hat? Damit die Menschen diese Botschaft zu hören bekommen, hatte er förmlich seine Existenz geopfert. Als die Verse zur Einladung der Menschen zum Islam in den Sūren Muzammil und Muddattir offenbart wurden, schaute der Prophet (sas) auf sein Bett und sagte: ***„Die Zeit des Schlafens ist nun vorbei Oh meine Ḫadīğa!“***

Er hat während seines 23-jährigen Prophetentums für seine Umma weder sich je satt gegessen, noch satt getrunken, noch sich zur Erholung in sein Bett gelegt und geschlafen. Weil er seine Umma liebte und nicht wollte, dass sie in die Hölle eingeht, hat er (sas) sich abgemüht. Wir sagten es ja bereits, Liebe verlangte doch Aufopferung, Hingabe, Geradlinigkeit und Beständigkeit. Unser Prophet (sas) wurde als jemand, der seine Umma liebte, diesen Eigenschaften mehr als nur gerecht.

Einer der großen Gefährten ʿAbdrurraḥmān b. ʿAwf überliefert: „Eines Tages sah ich, wie sich unser Prophet alleine auf dem Weg außerhalb Medīnas machte. Ich sagte mir: „Am besten laufe ich hinter dem Gesandten Allāhs. So kann ich ihn auf der einen Seite beschützen und auf der anderen Seite meine Neugier stillen, wohin er geht.“ Unser Prophet lief eine ganze Weile. Er kam in einem Garten an, das weit zur Prophetenmoschee (al-Masğid an-Nabaiyy) lag.[14] Dort saß

---

[13] Buḫārī: *Kitābu Aḥādīṯi-l Anbiyā*, 30

[14] Dieser Garten liegt 900 m nördlich zur Prophetenmoschee. Auf dem Grund diesen Gartens wurde zur Zeit von ʿUmar b. ʿAbdulazīz eine

er eine Zeit lang und sprach Bittgebete aus. Nach dem Bittgebet verweilte er in der Niederwerfung. Ich weiß nicht genau, wie lange er in der Niederwerfung blieb, aber er verharrte minutenlang in dieser Position. Einen Moment lang fing ich mir an Sorgen zu machen und dachte mir, dass dem Gesandten Allāhs etwas zugestoßen war. Ich näherte mich ihm langsam und rückte meinen Kopf zu seinen gesegneten Kopf näher. Als er mich bemerkte, hob er seinen Kopf und sagte: ***„Was ist Oh ʿAbdurraḥmān? Ist was passiert?“*** Ich sagte: *„Nein Oh Gesandter Allāhs! Deine Niederwerfung hat so lange gedauert, sodass ich anfing mir Sorgen zu machen.“* Der Prophet fing an zu lächeln und sagte zu mir: ***„Oh ʿAbdurraḥmān! Ich habe meinen Herrn angefleht, wegen meiner Umma. Danach kam Gabriel und sagte: „Oh Gesandter Allāhs! Gebe ihnen die frohe Botschaft, dass jeder von deiner Umma, der dich grüßt und dir Segenswünsche entgegenbringt, die Barmherzigkeit und Vergebung Allāhs erhält.“ Und ich werfe mich als Dank für diese frohe Botschaft nieder.“***[15]

ʿAbdurraḥmān hatte sich sehr über diese Botschaft gefreut, eilte rennend auf Medīna zu und teilte diese frohe Botschaft mit den Gefährten. Auch dort war die Umma der Grund für die Freude des Propheten (sas).

- ***Die Abschiedspredigt des Propheten und seine Bittgebete bei der Pilgerfahrt***

Unser Prophet machte sich im 10. Jahr nach der Hiǧra,

Moschee errichtet, aufgrund der Relevanz dieses Ereignisses. Diese Moschee, die als die Moschee der Niederwerfung (Masǧid as-Saǧda) bekannt ist, wird auch als die Abū Ḏarr Moschee bezeichnet, aufgrund der Straße, in der sie liegt.

[15] Aḥmad b. Ḥanbal: *Musnad*, 1/191

am 26. Tag des Monats Ḏu-l Qaʿda[16], an einem Samstagmorgen auf den Weg von Medīna nach Mekka, um mit tausenden Gefährten gemeinsam seine erste und einzige Pilgerfahrt durchzuführen.[17] Seit dem Zeitpunkt, seit dem der Prophet sich auf den Weg machte, hatte er seinen Blick von dieser Welt in das Jenseits gerichtet. Nach allem, was er nun sagte, würde er die Worte ***„Vielleicht werden wir uns fortan nach diesem Jahr nicht mehr sehen***“ hinzufügen.[18]

Am Tage des Tarwiya hatte unser Prophet (sas) in Minā übernachtet und sich am nächsten Tag in den frühen Morgenstunden gemeinsam mit Tausenden auf dem Weg nach ʿArafa gemacht. Bevor der Prophet (sas) in ʿArafa ankam, hatten die Gefährten schon für ihn einen Zelt aufgeschlagen, an einem Ort, der heute unter dem Namen „Masğid Namira“ bekannt ist.

Der Gesandte Allāhs (sas) kam mit großer Euphorie und Begeisterung in ʿArafa an. Nachdem er sich etwas ausgeruht hatte, fing er an Bittgebete auszusprechen und um Vergebung zu bitten. Was danach passierte, überliefert uns Ibn ʿAbbās wie folgt: „Als die Zeit des Mittagsgebetes eintrat, hat uns der Prophet (sas) das Mittags- und Nachmittagsgebet zusammenfassend (Ğamʿ) und gekürzt (Qaṣr) vorgebetet. Danach verweilte er in der Niederwerfung. Sie dauerte minutenlang an. Diese Niederwerfung zog sich so sehr in die Länge, dass ich anfing mir Sorgen zu machen und schließlich näherte ich meinen Kopf seinem. Ich hörte, wie er weinte und etwas sagte. Ich achtete darauf, was er sagte und das einzige, was er

[16] In christlicher Zeitrechnung: 22. März 632

[17] Ibn Hišām: *Sīra*, Bd. IV, S. 601; Wāqidī: *Maġāzī*, Bd. III, S. 1089

[18] Aḥmad b. Ḥanbal: *Musnad*, 3/367; Tirmiḏī, 234

die ganze Zeit sagte, war: ***„Meine Umma... Meine Umma...“*** Danach stand er auf, aber eine Trauer hatte sich in seinem Gesicht niedergeschlagen. Um seine Trauer nicht noch weiter zu verschlimmern, hielten wir uns zurück Fragen zu stellen.

Er hielt Inne am Berg (Waqfa) und sprach ständig Bittgebete aus. Man konnte auch währenddessen immer immer wieder die Worte ***„Meine Umma... Meine Umma...“*** vernehmen. Als das Abendgebet eintrat, sollte man sich vor der Verrichtung des Gebets auf dem Weg nach Muḏalifa machen. In dem Augenblick sprach unser Prophet (sas) sein letztes Bittgebet aus. Das Bittgebet war wieder für die gleiche Sache: ***„Meine Umma... Meine Umma...“*** Einer unter uns fragte: *„Oh Gesandter Allāhs! Schon seit dem Morgen sprichst du Bittgebete für deine Umma aus. Was hat dein Herr zu diesen Bittgebeten gesagt?“*

Der Prophet (sas) sagte: „Mein Herr sagte: ***„Wahrlich, ich habe mich jedem außer dem Unterdrücker erbarmt. Was den Unterdrücker angeht, so werde Ich von ihm das Recht des Unterdrückten nehmen.“***[19]

Das war eine große Botschaft. Eigentlich war die frohe Botschaft, die uns unser Herr geben wollte, die, „dass ER alle Sünden außerhalb des Götzendienstes (Širk) und das Recht anderer Menschen zu nehmen, vergibt.“ Doch der Prophet war immer noch traurig. Ibn ʿAbbās überliefert weiter: „Genau als wir vom Berg ʿArafa aufbrechen wollten, sagte der Gesandte Allāhs (sas): ***„Mein Herr! Wenn Du willst, kannst du dem Unterdrückten als Lohn das Paradies geben und dich dem Unterdrücker erbarmen.“***

[19] Aḥmad b. Ḥanbal: *Musnad*, 4/14; Ibn Māǧa, 1002

Wie muss die Bitte des Gesandten, auch für den Unterdrücker um Erbarmen zu bitten, verstanden werden? Sicherlich müssen wir das Erbarmen hier im Lichte der Verse und Ḥadīṯe verstehen, die bzgl. dieses Themas angerissen wurden. Der Kernpunkt ist dieser: Die Bitte des Propheten um Erbarmen für den Unterdrücker, ist eigentlich ein Bittgebet, auf das der Unterdrücker mit seiner Unterdrückung aufhört und hieran ein Beispiel nimmt, um sich an der Barmherzigkeit ein Beispiel zu nehmen.

Nach der Überlieferung von Ibn ʿAbbās kam auf dieses letzte Bittgebet des Propheten (sas) im ʿArafa keine Antwort. Doch der Prophet führte dieses Bittgebet in Muḏdalifa fort. Im Morgengrauen wiederholte er genau das gleiche Bittgebet in Muḏdalifa.[20]

Hiernach überliefert unsere Mutter Ḥafṣa (r.a.) weiter: „Nachdem unser Prophet sein Bittgebet in Muḏdalifa beendet hatte, sahen wir eine Freude und ein Lächeln auf seinem Gesicht, was wir die letzten Tage zuvor nicht gesehen hatten. Wir alle hatten das bemerkt. Auch Abū Bakr (r.a.) und mein Vater ʿUmar (r.a.) hatten dies bemerkt. In dem Moment sagte Abū Bakr zum Propheten: *„Meine Mutter und mein Vater seien dir geopfert Oh Gesandter Allāhs! Wir haben dich noch nie so glücklich gesehen. Was ist es, das dich zum Lächeln bringt und dir diese Freude bereitet?“*[21] Der Prophet (sas) sagte lächelnd: ***„Ich bekam, wonach ich bat Oh Abū Bakr! Ich flehte meinen Herrn ständig für die Vergebung meiner Umma an. In ʿArafa sagte mein Herr, dass er allen außer den Unterdrückern vergeben habe. Als ich dann weiter be-***

[20] Aḥmad b. Ḥanbal: *Musnad*, 4/14; Ibn Māǧa, 1002

[21] Aḥmad b. Ḥanbal: *Musnad*, 4/15; Ibn Māǧa, 1002

tete, sagte Er mir, dass Er auch für die Unterdrücker die Tür der Vergebung offen lassen wird. Als diese frohe Botschaft mich ereilte, nahm Iblīs ein Stück Erde, schlug es auf seinen Kopf und flüchtete davon. Ich hörte beim Flüchten seine Wehklagen „Wehe mir! Ich bin vernichtet, ich bin vernichtet!" Als ich diesen Zustand Iblīs sah, habe ich mich gefreut und fing an zu lächeln."[22]

Die Bittgebete des Propheten für seine Umma in der Abschiedspredigt sind die wichtigsten Hinweise, die zeigen, in welchem Ausmaß die Liebe des Propheten zu seiner Umma war.

- ***Der Prophet schlachtet ein Opfertier im Namen seiner Umma***

Im zweiten Jahr nach der Hiǧra kehrte unser Prophet (sas) am 9. des Monats Ḏū-l Ḥiǧǧa von der Schlacht von Sawīq zurück und Medīna war gerettet. Am nächsten Tag dann, also am 10. des Monats Ḏū-l Ḥiǧǧa, gab Allāh (swt.) dieser Umma das Opferfest (ʿĪd al-Aḍḥā) als Geschenk. Der Prophet machte sich an diesem Tag gemeinsam mit den Muslimen auf zum Gebet und leitete zum ersten Mal die zwei Gebetseinheiten des Opferfestes. An dem Tag rezitierte er bei diesem Gebet in der ersten Gebetseinheit nach der Sūra al-Fātiḥa die Sūra al-Kahf und in der zweiten Gebetseinheit die Sūra al-Qamar.[23] Nach dem Gebet, hielt er eine Predigt. In dieser Predigt, befahl er den Muslimen, die dazu in der Lage waren, ein Opfertier zu schlachten. Nachdem die Predigt fertig war, bereitete er die Schlachtung seines Opfertieres vor. Der

---

[22] Aḥmad b. Ḥanbal: *Musnad*, 4/14; Ibn Māǧa, 1002; Ibn Kaṯīr: *al-Bidāya*, Bd. V, S. 176

[23] Abū Dāwūd: 300

Prophet (sas) hatte sich an diesem Tag zwei Schafböcke als Opfertiere gekauft.

Als er einen der wohl beleibten und gehörnten Schafböcke schlachtete, sagte er: ***„Mein Herr! Dies ist im Namen der ganzen Umma, die Deine Einheit und Einzigartigkeit bezeugt und das, was auf mich herabgesandt wurde.“***

Als er das zweite Opfertier schlachtete, sagte er: ***„Mein Herr! Und dieser ist im Namen Muḥammads und seiner Familie.“***

Von diesen Opfertieren aßen der Prophet, seine Familie und die Mittellosen. Das erste Opfertier unseres Propheten wurde eben in diesem Opferfest geschlachtet.[24] Der Prophet schlachtete seine Opfertiere auch bis zu seinem Lebensende auf diese Weise. Das heißt also, dass der Prophet bis zu seinem Lebensende ein Opfertier schlachtete. Seht ihr diese Liebe? Muss man dazu noch was sagen?

- ***Als der Prophet sich von dieser Welt verabschiedete***

Als der Prophet krank wurde und zu Bett fiel, hatten die Gefährten nun verstanden, dass er sich auf dem Weg in das ewige Leben machte. Deswegen achteten sie noch mehr als gewöhnlich auf die Worte des Propheten, die er ihnen sagte. In den letzten 13 Tagen des Propheten, gab es einige aunspra-chen, die den Charakter eines Testaments hatten. Wenn wir sie alle der Reihe nach aufreihen, sehen wir, dass es vor allem drei Themen gab, die den Propheten Bauchschmerzen bereiteten. Was sind diese drei Themen?

Das Gebet, die Gefährten und die Umma... Ja genau,

---

[24] Ibn Saʿd: *Ṭabaqāt*, Bd. I, S. 248f.

das waren die drei Worte, die der Prophet (sas) in seinen letzten 13 Tagen auf dieser Erde nicht aus dem Mund nahm. Als der Prophet von dieser Welt ging, hinterließ er uns die folgende Botschaft: *„Das Gebet ist die Säule der Religion.*[25] *Diejenigen, die innerhalb der Menschheitsfamilie diese Säule am besten belebten, sind zu meinen Gefährten und Freunden geworden. Und diejenigen, die behaupten von meiner Umma zu sein, müssen das Gebet beleben, das eine Säule dieser Religion ist, damit die Bindung zwischen ihnen und den Gefährten nicht abreißt.“*

Hatte uns der Prophet nicht schon ohnehin diese Botschaft über Rabīʿa b. Kaʿb (r.a.) übermittelt? Rabīʿa b. Kaʿb al-Aslamī [26](r.a.), der ein Schüler der Ṣuffa Schule war, überliefert. Er sagt: „Eines Tages schlief ich an der Türschwelle des Propheten. Ich sagte mir: „Ich werde heute Abend dem Gesandten Allāhs dienen.“ Ich sah, dass der Prophet (sas) in einer Hälfte der Nacht aufwachte. Ich eilte sofort zu ihm und brachte ihm sein Wasser, damit er die rituelle Gebetswaschung durchführen konnte. Obwohl der Prophet versuchte mich daran zu hindern, schaffte ich es durch mein Beharren ihm dienstlich zu sein. Das machte den Propheten (sas) glücklich, sodass er sich zu mir drehte und sagte: ***„Oh Rabīʿa! Verlange was du willst von mir!“*** Ich war sprachlos, ich wusste auf einmal nicht, was ich sagen sollte und verlangte das vom Propheten, was ich mir am meisten auf dieser Welt wünschte. Ich sagte: „Oh Gesandter Allāhs! Bete für mich, dass ich mit

---

[25] Dieser Ḥadīṯ ist durch verschiedene Überlieferungen zu uns gelangt. In einer dieser Überlieferung, sagt unser Prophet (sas): ***„Das Haupt dieser Religion ist der Islam, ihre Säule ist das Gebet und ihre Spitze ist der Ğihād!“*** (Tirmiḏī, 2619)

[26] Für mehr Informationen über seine Person, siehe: Ibn Ḥağar: *al-Iṣāba*, S. 584

dir zusammen bin im Paradies. Unser Prophet (sas) lächelte und sagte: ***„Ist es nur das, was du willst?“*** Ich sagte: *„Ja, Oh Gesandter Allāhs! Und nichts anderes möchte ich.“* Unser Prophet (sas) sagte: ***„Ich werde für dich beten, aber unterstütze mich dabei mit deinen Gebeten!“***[27]

Der Gesandte Allāhs übermittelte eigentlich diese frohe Botschaft über die Person Rabīʿa b. Kaʿbs (r.a.) an seine ganze Umma. Diese Botschaft ist die frohe Botschaft, gemeinsam mit dem Propheten im Paradies zu sein. Der Weg, um ein Teil dieser frohen Botschaft zu sein, führt durch die Bedeutung, die man dem Gebet beimisst, das der größte Hinweis dafür ist, ein Teil der Umma zu sein. Von daher, was war das Gebet nochmal? Es war ***„mein Augentrost“***,[28] nicht wahr?

Eigentlich bedeutet das Gebet zu lieben, die Augen des Propheten (sas) zu lieben. Das Gebet zu lieben, bedeutet ihn (sas) zu lieben. Das Gebet zu lieben bedeutet, sich für sein Testament einzusetzen und sein Erbe nicht verwaisen zu lassen.

❖❖❖

---

[27] Muslim: *Ṣalāt*, 226; Abū Dāwūd, 1320; Tirmiḏī, 3416

[28] ***„Mir wurde aus eurer Welt der schöne Duft und die Frau lieb gemacht. Das Gebet jedoch ist mein Augentrost.“*** Nasāi: *Išratu-n Nisā*,1; Aḥmad b. Ḥanbal: *Musnad*, 3/285; Ḥākim: *Mustadrak*, 2/175

Schlusswort

So, wie diese auserwählte Generation, die unter der Obhut unseres Propheten (sas) aufwuchs, uns mit ihrem Leben sehr vieles beibrachte, genauso haben sie uns auch die wahre Liebe gelehrt. Sie hatten nicht nur so geliebt, um geliebt zu haben, sondern sie haben wirklich geliebt. Derjenige, der ihre Liebe kennenlernt, wird sich eingestehen, dass er eigentlich bis dahin nicht wirklich geliebt hat und wird versuchen Wege zu finden, um diese wahre Liebe zu erlangen.

Natürlich gibt es sehr hervorstechende Unterschiede zwischen der Liebe, die die Gefährten zum Propheten empfanden und unserer. Bis zu einem gewissen Punkt ist so ein Unterschied sogar natürlich. Denn diese Generation wuchs in der gesegneten Atmosphäre des Propheten auf und lernte ihn nicht durch Bücher und Erzählungen kennen, sondern höchstpersönlich. Mit diesem Vorteil, das das Schicksal ihnen gewährte, kannten sie unseren Propheten sehr gut.

Einer der wichtigsten Grundsätze der Liebe war auch das Kennen. *Die Liebe beginnt durch das Kennen.* Nur derjenige, der wirklich kannte, liebte auf gebührende Art und Weise und, weil sie unseren Propheten (sas) sehr gut kannten, liebten sie ihn auch so sehr. Wir als diejenigen, die von diesem Vorteil des Schicksals ausgeschlossen sind, werden unseren Propheten nicht auf die ihm gebührende Art und Weise lieben können und werden auch nicht von ihm geliebt werden, wenn wir in diesem Punkt nicht ernsthafte Anstrengungen unternehmen, um ihn (sas) kennenzulernen.

ʿAbdullāh b. Masʿūd (r.a.) überliefert ein Beispiel, womit wir diese Angelegenheit besser verstehen können. Ihr wisst, dass ʿAbdullāh b. Masʿūd ein Gefährte ist, der einen besonderen Stellenwert hat. Er war einer der Ersten. Er wurde ein Gelehrter, indem er unter der Obhut des Propheten in Dār al-Arqam ausgebildet wurde, und noch wichtiger, er wurde ein Tätiger. Er hatte den Qurʾān und unseren Propheten (sas) dermaßen gut verstanden, dass viele große Gefährten, allen voran Abū Bakr (r.a.) und ʿUmar (r.a.) nichts machten, ohne ihn zuvor nach seinem Rat zu fragen. Sie akzeptierten seine Sichtweise, als die angemessenste. Dieser großartige Mensch verstarb 21 Jahre nach dem Propheten, also im Jahre 32 nach der Hiğra. Die 21 Jahre, die er nach dem Propheten lebte, sind für uns sehr wichtig. Denn er hatte sich jahrelang abgemüht, um das prophetische Erbe (Sunna) zu verbreiten und zu bewahren.

Zu seinen Lebzeiten maßen die Menschen allem, was er sagte, großen Wert bei und versuchten auf die Weise den Islam zu praktizieren, wie er es ihnen lehrte und zeigte. ʿAbdullāh b. Masʿūd, der kurz gesagt solcherlei Eigenschaften besaß, sprach eines Tages für jemanden, dem es nicht zuteilwurde den Propheten zu sehen ein Zeugnis aus. Wisst ihr, was er sagte? Er sagte über eine Person, der von der Nachfolgegeneration (Tābiʿūn) war: *„Oh Abū Yazīd! Der Gesandte Allāhs hat dich zwar nicht gesehen, aber hätte er dich gesehen, so hätte er dich sehr geliebt."*

Nun gut, aber wer ist Abū Yazīd, der so eine frohe Botschaft verdiente? Warum hatte ihn Ibn Masʿūd so gelobt und ihm solch eine frohe Botschaft übermittelt? Der eigentliche Name von Abū Yazīd, das nur sein Beiname ist, lautete ar-Rabiʿ b. Ḥussein. Er war ursprünglich aus Kūfa. Er lebte in Kūfa und verstarb auch dort. Wenn wir uns das Leben dieses großen Menschen anschauen, dann sehen wir, dass er in vielen Gebieten führend war. Zum Beispiel: Seine Anhänglichkeit zum Gottesdienst (ʿIbāda), sein bescheidenes Leben, seine Taqwā und natürlich sein Wissen sind lobenswerte Besonderheiten. Jemand, der uns ihn erklärt, sagt: ***„Wenn man ein Jahr mit Abū Yazīd saß und nicht sein Mund öffnete, um ihm etwas zu fragen, dann hätte er auf keinen Fall geredet."***

Er war also jemand, der nicht versuchte weder sein Wissen zu verkaufen, noch sich bemerkbar zu machen und noch zuließ unnötige Gespräche zu führen. Er liebte den Propheten (sas) so sehr, dass jene, die ihn ansahen, sich an den Propheten, an Allāh, an den Īmān und den Iḥsān (Aufrichtigkeit) erinnerten. Deswegen sagten sich die Menschen zu jener Zeit manchmal zueinander, wenn sie zu sehr mit weltlichen Angelegenheiten beschäftigt waren, Allāh, seinen Gesandten, den Īmān und das Buch (Qurʾān) vergaßen: *„Kommt, lasst uns zu Abū Yazīds Haus gehen, uns ihn etwas angucken und unseren Glauben stärken."*

Genau weil Abū Yazīd den Propheten (sas) auf die ihm gebührende Art und Weise liebte und den Erfordernissen dieser Liebe gerecht wurde, hatte er von einem großen Gefährten solch eine frohe Botschaft erhalten, obwohl er nicht zur selben Zeit und am selben Ort mit dem Propheten gelebt hatte. Das heißt, dass es im Rahmen des Möglichen ist, dass wir dieselbe frohe Botschaft erhalten, wenn wir unseren Propheten auf die ihm gebührende Art und Weise lieben und die Taten begehen, die den Beweis unserer Liebe ausdrücken.

Ist sowieso nicht das, was uns die Gefährten lehrten? Sie lehrten uns insbesondere sehr vieles über die Liebe. Sie lehrten, dass die Liebe nicht billig ist, nicht bloß ein Wort ist und, dass man der Liebe nicht gerecht wird, indem man die Worte in ausgeschmückter Form ausspricht. Sie lehrten uns mit ihrem vorbildlichen Leben, was die wahre Bedeutung von Liebe ist, was ihre Erfordernisse sind und was die Liebe bei einem auslösen muss.

Nun gut, was bedeutet nun Liebe in der Welt der Gefährten?

- Liebe bedeutet zu vermissen
- Liebe bedeutet zu warten
- Liebe bedeutet, sich für sie einzusetzen
- Liebe bedeutet zu geben
- Liebe bedeutet, in Kauf zu nehmen
- Liebe bedeutet, sich zu befreien
- Liebe bedeutet zu retten
- Liebe bedeutet zu opfern

- Liebe bedeutet, geopfert zu werden
- Liebe bedeutet zu verzichten
- Liebe bedeutet, hingebungsvoll zu sein
- Liebe bedeutet, Geradlinigkeit zu zeigen
- Liebe bedeutet, auf dem Weg des Geliebten zu sterben

Und noch vieles mehr...

Dieses Bittgebet sollen unsere letzten Worte sein:

Oh unser Herr! Liebe uns!

Mach uns von den Liebenden!

Lass uns lieben!

Bereite uns Freude!

Oh unser Herr! Wir haben weder so eine aufrichtige Haltung, wie Abū Bakr

Noch haben wir so eine erhabene Haltung, wie ʿUmar

Noch haben wir die Keuschheit ʿU̱tmāns, die der des Propheten Yūsuf gleicht

Noch haben wir so viel Wissen und Mut wie ʿAlī

Noch haben wir so eine Hingabe und Opferbereitschaft, wie Ḫadīǧa

Noch haben wir so eine Liebe und Zuneigung wie Sumayra

Noch haben wir so eine Hingabe und Strebsamkeit wie Nasība.

Aber unser Herr! Wenn ein dürftiges Herz einen Wert

haben sollte bei Dir, dann pflegt es gegenüber allen Großen, allen voran zum Propheten Muḥammad (sas), eine Liebe und wir erhoffen uns die Errettung aus Gefälligkeit zu dieser Liebe. Der große Gefährte Anas b. Mālik sagte doch: „Es gab kein Wort, was wir vom Propheten (sas) hörten, über das wir uns mehr freuten, als über seine Worte: ***„Der Mensch ist mit dem zusammen, den er liebt.“*** Denn diese Worte waren geradezu wie ein Hochzeitsfest für uns. Jedes Mal, wenn wir diese Worte wiederholten, sagten wir: *„Wir lieben den Propheten, Abū Bakr und ʿUmar sehr. Auch wenn unsere Taten nicht so viel wie ihre waren, erhoffen wir uns, durch die Liebe zu ihnen im Jenseits mit ihnen zusammen zu sein.“*

Anas (r.a.) wird inšāAllāh mit ihnen zusammen sein und wir erhoffen uns aus Gefälligkeit zur Liebe, die wir ihnen gegenüber haben, auch wenn dies nicht ausreichend sein sollte, mit ihnen zusammen zu sein.

Oh Herr! Erhöre unsere Wünsche und Hoffnungen und bewahre uns vor dem, wovor wir uns fürchten.

Oh Herr! Bringe uns nicht in Verlegenheit und lass uns nicht andere beschämen und lass uns nicht zu jenen gehören, deren Liebesbehauptung in ihre Gesichter vorgeworfen wird! (Amin)

Quellenverzeichnis

ʿAĞLUNĪ, Ismāʿīl b. Muḥammad: *Kafšu-l Ḫafā wa Muzīlu-l Ilbās ʿammā Ištahara mina-l Aḥādīṯ ʿalā Alsinati-n Nās,* Dāru-l Kutubi-l ʿIlmiyya, Beirut, Libanon, 1421/2001.

AḤMAD B. ḤANBAL: *al-Musnad,* al-Maktabatu-l Islāmiyya, Beirut, Libanon, 1413/1993.

BAYHAQĪ, Abū Bakr; Aḥmad b. Ḥussein b. ʿAlī: *Dalāilu-n Nubuwwa,* Dāru-l Kutubi-l ʿIlmiyya, Beirut, Libanon, 1410/1987.

BAYHAQĪ: *al-Madḫal ilā Kitābi-s Sunan*, Ed.: Muḥammad Ziyāu-r Raḥmān al-Aʿzamī, Dāru-l Kutubui-l ʿIlmiyya, Beirut, Libanon, 1410/1987.

BUḪĀRĪ, Muḥammad b. Ismāʿīl Abū ʿAbdullāh: *Ṣaḥīḥ al-Buḫārī*, Maktabatu-t Tawfīqiyya, Kairo, Ägypten, ohne Datum.

BUḪĀRĪ: *Ṣaḥīḥ al-Buḫārī*, Baytu-l Afkāru-d Dawliyya li-n Našr, Riad, Saudi Arabien, 1419/1998.

ÇETINER, Bedrettin: *Fatiha'dan Nasa Esbab.ı Nüzul*, Çağrı Yayınları, Istanbul, 2006.

DAYLAMĪ, Šīrūya b. Šahardār: *Firwadus-l Aḫbār*, Dāru-l Kutubi-l ʿIlmiyya, Beitur, Libanon, 1409/1986.

DIMAŠQĪ, Muḥammad b. Ṣāliḥ: *Subulu-l Hudā wa-r Rašād fī Sīrati Ḫayri-l ʿIbād,* Übersetzung: Yusuf Özbek, Ocak Yayınları, Istanbul, 1424/2004.

DIYĀRBAKRĪ, Ḥussein b. Muḥammad b. Ḥassan: *Tārīḫu-l Ḫamīs fī Aḥwāli Anfasi Nafīs,* Dāru-ṣ Ṣadr, Beirut, Libanon, ohne Datum.

ABŪ DĀWŪD, Sulaymān b. Ašʿas b. Isḥāq al-Azdī, as-Siğistānī: *Sunan Abī Dāwūd,* Dāru-l Fikr, Beirut, Libanon, 1414/1994.

ABŪ NUʿAYM, Aḥmad b. ʿAbdillāh al-Iṣfahānī: *Ḥilyatu-l Awiliyā wa Ṭabaqātu-l Aṣfiyā*, Dāru-l Kitāni-l ʿArabī, Beirut, Libanon, 1405/1986.

ABŪ NUʿAYM: *Dalāilu-n Nubuwwa*, Edt.: Muḥammad Rawwās Qalʿağī, ʿAbdulbarr ʿAbbās, Dāru-n Nafāis, Beirut, Libanon, 1412/1991.

ḤĀKIM, Muḥammad b. ʿAbdullāh an-Nīšābūrī: *al-Mustadrak ʿalā-ṣ Ṣaḥiḥayn*, Dāru-l Kutubi-l ʿIlmiyya, Beirut, Libanon, 1411/1991.

ḤĀKIM: Maʿrifatu ʿUlūmi-l Ḥadīṯ, Dāru-l Maʿrifa, Beirut, Libanon, ohne Datum.

ḤALABĪ, ʿAllāma Abī al-Fazā Nūr ad-Dīn ʿAlī b. Ibrāhīm b. Aḥmad: Insānu-l ʿUyūn fī Sīrati-l Amīn al-Māmūn, Dāru-l Kutubi-l ʿIlmiyya, Beirut, Libanon, 1428/2008.

HAYṮAMĪ, Nūr ad-Dīn ʿAlī b. Abī Bakr: *Mağmuʿ az-Zawāid wa Manbʾu-l Fawāid*, Dāru-l Kutubi-l ʿIlmiyya, Beirut, Libanon, 1408/1988.

IBN ʿABDILBARR, Abū ʿUmar Yūsuf b. ʿAbdillāh b. Muḥammad al-Qurṭubī an-Namarī: al-Istīʿāb fī Maʿrifati-l Aṣḥāb, Daru-l Kutubi-l ʿIlmiyya, Beirut, Libanon, 1415/1995.

IBN AṮĪR, ʿIzz ad-Dīn Abū-l Ḥasan ʿAlī b. Muḥammad al-Ǧazarī: *Usdu-l Ġāba fi Maʿrifati-ṣ Ṣaḥāba*, Dāru-l Kutubi-l ʿilmiyya, Beirut, Libanon, 1424/2003.

IBN ḤAĞAR, al-Asqalānī Šihāb ad-Dīn Abū-l Faḍl Aḥmad b. ʿAlī: *al-Iṣāba fi Tamyīzi-ṣ Ṣaḥāba*, Dāru-l Maʿrifa, Beirut, Libanon, 1425/2004.

IBN ḤAĞAR: *Fatḥu-l Bārī bi Šarḫi Ṣaḥiḥi-l Buḫārī*, (Bd. I-XVI) Dāru-l Bayān, Kairo, Ägypten, 1419/1999.

IBN HIŠĀM, Abū Muḥammad ʿAbdulmalik: *as-Sīratu-n Nabawiyya*, Maktabatu-ṣ Ṣafā, Kairo, Ägypten, 1422/2001.

IBN ISḤĀQ, Muḥammad b. Ishāq b, Yašār: *Sīratu Ibn Isḥāq*, Edt. Muḥammad Ḥamīdullāh, Maʿhadu-d Dirāsa, ohne Datum.

IBN KAṮĪR, Abū-l Fidā Imām ad-Dīn: *al-Bidāya wa-n Nihāya*, Dāru-l Kutubi-l Maʿrif, Beirut, Libanon, 1406/1987.

IBN MĀĞA, Muḥammad b. Yazīd al-Qazawaynī: *as-Sunan*, Dāru-l Kutubi-l ʿIlmiyya, Beirut, Libanon, 1406/2001.

IBN SAʿD, Muḥammad: *Kitābu-ṭ Ṭabaqātu-l Kabīr*, Edt.: ʿAlī Muḥammad ʿAmr, Maktabatu-l Ḥanīmī, Kairo, Ägypten, 1421/2001.

IBN SAʿD: aṭ-Ṭabaqātul- Kubrā, *Dāru-ṣ Ṣadr*, Beirut, Libanon 1414/1994.

IBN SUNNĪ, Abū Bakr; Aḥmad b. Muḥammad b. Isḥāq ad-Dinawarī: *ʿAmalu-l Yaum wa-l Layl*, Maktabatu-l Azhariyya, Kairo, Ägypten, 1420/2000.

IBNU-L ĞAWZĪ, Abū-l Farağ ʿAbdurraḥmān: *Talqīḥ Fuhum Ahli-l Aṭar fi ʿUyūni-t Tārīḫ wa-s Siyar*, Maktabatu-l Adab, Kairo, Ägypten, 1419/1999.

K.G. Saiyidain: *İkbal'in Eğıtım Felsefesi*, Übers.: Necmettin Tozlu, Ankara Okulu Yayınları, Ankara, 2003.

KÖKSAL, M. Asım: *Hz. Muhammed ve İslamiyet*, Mekke-Medine Dönemi, (Bd. I-IX) İrfan Yayınevi, Istanbul, 1981.

KÖKSAL: *Hz. Muhammed ve İslamiyet*, (Bd. I-IV) Işık Yayınları, Izmir, 2007.

QURṬUBĪ, Abū ʿAbdullāh, Muḥammad b. Aḥmad: al-Ğāmiʿu li Aḥkāmi-l Qurʾān, Übers.: M. Beşir Eryarsoy, Buruc Yayınları, Istanbul, 1997.

MĀLIK B. ANAS, Abū ʿAbdullāh: *al-Muwaṭṭa*, Dāru Iḥyāi-t Turāṯi-l ʿArabī, Kairo, Ägypten, 1414/1993.

MUSLIM, b. al-Ḥağğāğ: *Ṣaḥīh Muslim*, Çağrı Yayınları, Istanbul, 1414/1993.

NASĀʾI, Aḥmad b. Šuʿayb Abū ʿAbdurraḥmān: *Sunan an-Nasāi*, Dāru-l Maʿrifa, Beirut, Libanon, 1422/2001.

NAWAWĪ, Abū Zakariyya Yaḥyā Ibn Šaraf Ibn Murī: *Riyazü's Salihin*, Übers.: M. Yaşar Kandemir, Ismail Lütfü Çakan, Raşit Küçük, Erkam Yayınları, Istanbul, 1427/2006.

RŪDĀNĪ, Imām Muḥammad b. Muḥammad b. Sulaymān: Ğamʿu-l Fawāid min Ğamīʿi-l Uṣūl wa Mağmaʿi-z Zawāid, Übers.: Naim Erdoğan, İz Yayıncılık, ohne Datum.

SUYŪṬĪ, Ğalāl ad-Dīn ʿAbdurraḥmān b. Abī Bakr: *Ad-Durru-l Manṯūr fi-t Tafsīr bi-l Mašʿūr,* Edt.: ʿAbdullāh b. ʿAbdulmuḥsin at-Turkī, Markazu-l Buḥūṯ wa Dirāsati-l ʿArabiyya, Kairo, Ägypten, 1424/2003.

ṬABARĀNĪ, Abū-l Qāsim Sulaymān b. Aḥmad: *al-Mağmūʿ al-Kabīr*, Dāru Iḥyāi-t Turāṯi-l ʿArabī, Beirut, Libanon, 1413/1993.

ṬABARĪ, Abū Ğaʿfar Muḥammad b. Ğarīr: Tārīḫu-l Umam wa-l Mulūk, Dāru-l Kutubi-l ʿIlmiyya, Beirut, Libanon, 1422/2001.

ṬABARĪ: *Ğāmiʿu-l Bayān ʿan Taʾwīli Āyati-l Qurʾān*, Dāru-l Fikr, Beirut, Libanon, 1415/1995.

TIRMIḎĪ, Muḥammad b. ʿĪsā: *al-Ğāmiʿu-ṣ Ṣaḥīḥ Sunnatu-t Tirmiḏī*, Dāru Iḥyāi-t Turāṯi-l ʿArabī, Beirut, Libanon, 1414/1994.

TÜRKİYE DİYANET VAKFI: *İslam Ansiklopedisi*, (Bd. I-XXXVII), Istanbul, 1988.

WAḤIDĪ, Abī-l Ḥassan ʿAlī b. Aḥmad: *Asbābu-n Nuzūl*, Dāru-l Fikr, Beirut, Libanon, 1421/2001.

YAMĀNĪ, Muḥammad ʿAbduh: *Umm al-Muʾminīn Ḫadīğa bint Ḫuwalid Sayyidatun fī Qalb al-Muṣṭafā*, Muʾassasatu ʿulūmu-l Qurʾān, Damaskus, Syrien, 1422/2002.

YILDIRIM, Muhammed Emin: *Hz. Peygamber'in (sas) Albümü*, Siyer Yayınları, Istanbul, 2010.

YILDIRIM, Muhammed Emin: *Sahabeyi Nasıl Anlamalıyız?* Siyer Yayınları, Istanbul, 2010.

YILDIRIM, Muhammed Emin: *Nebevi Eğitim Modeli, Daru'l-Erkam,* Siyer Yayınları, Istanbul, 2010.

YILDIRIM, Suat: *Peygamberimizin Kurʾan'ı Tefsiri*,, Akademi Yayınları, Istanbul, 2006.

ḎAHABĪ, Abū ʿAbdullāh Muḥammad b. Aḥmad b. ʿUṯmān: *Siyar ʿAlāmi-n Nubalā*, Dāru-l Ḥadīṯ, Kairo, Ägypten, 1427/2006.

ḎAHABĪ: *Tağrīdu Asmāi-ṣ Ṣaḥāba*, Dāru-l Bayān, Kairo, Ägypten, 1406/1987.